JN222187

「ご縁」が
すべてを
引き寄せる

開運一問一答

山平和尚

フォレスト出版

はじめに

「縁」と「ご縁」。

どちらも同じもののように映りますが、私たち日本人は「縁」と「ご縁」という言葉の使い分けをしていると思いませんか？

「縁」は自分の意志でつかんでいけるもの。

しかし、「ご縁」は、そうはいきません。

「ご縁」とは、仏さま、神さま、ご先祖さまなど、自分たちよりももっと高い波動の存在たちから与えられているものじゃないかなと思うんです。

人間は一人では生きていけません。

人があってこそ、人とつながってこそ、「縁」が「ご縁」というものに化ける。

だから、「ご縁」は自分本位では得られません。

人に喜んでもらい、人を応援できる人が、見えない力から「ご縁」をいただける。

人を応援できない人は、誰からも応援されることはありません。

そうなると結局、普段から人を大切にしている人が強い。

そういう人には、運も味方をします。

つながったご縁を大切にして、願いを成就する人たちというのは、自分のことより他人のことを考えている。


私が15歳になって、高野山《こうやさん》に行って出家しようと思ったきっかけとなる出来事がありました。それは、小学校2年生のときに父親が亡くなって、母親に堤防まで連れて行かれて「一緒に死のうや」と言われたことです。

「死ぬのはええけど、死んだ後の僕はどうなんねん」と私が答えたことで、母は思い留まったわけですが、自ら命を絶つというのは自己本位ですよね。自己中心的な考え方は人に迷惑をかける、人を苦しませるエネルギーです。

そこにはいい縁なんか、生まれるはずがありません。

人が喜んでくれることを何かできないか。

そう思う人にこそ、ご縁と開運はやってきます。


そして、ご縁は「感謝の気持ち」から生まれるもの。

いつも手を合わせて「いただきます」「ごちそうさま」「ありがとう」と言えている人には、「ありがとう」が集まってきます。「ありがとう」という言葉を普段から言っている人は、「ありがとう」という言葉がいっぱい聞こえてくる。

テレビのチャンネルのようなものですね。

一方、「ありがとう」が言えない人は、たとえ隣で「ありがとう」と言われても聞こえてきません。人のことをけなしたり、悪口ばかり言っている人たちは、誰かが「ありがとう」と言ってくれても聞こえてこないんです。

だから、感謝の気持ちのない人には、なかなかご縁がやってきません。


「やっぱりいいご縁とつながりたい」

「運気のいい人生を送りたい」

こう願う人におすすめの方法があります。

それは「ありがとう」が聞こえるチャンネルに自分を合わせることです。

そのためにはあなたが「ありがとう」をたくさん発してください。

そうすれば、「ありがとう」がいっぱい集まってきます。


思うような人生を実現するためには、仲間やご先祖さま、神さま、仏さまに感謝して、感謝の心を行動に移すことです。

心のチャンネルを変えることこそが、開運の方法なのです。

本書を手に取り、上手に開運のチャンネル合わせができるようになることを願っております。

目次

第2章 うまくいく人だけが知っている開運習慣

お金持ちになる人とお金持ちになれない人の違い …… 86
貧乏神に取り憑かれないためにやるべきこと …… 90
開運力のある「大人」のありかた …… 96
悪霊に憑かれる人の特徴とそのタイミング …… 99
なるべく近づかないほうがいい「運気が悪い場所」の特徴 …… 105

第3章 「あの世」のお力を借りてみる

ご先祖さまに守られる生き方 …… 112
間違いだらけの先祖供養 …… 118
亡くなった人が夢に出てくる理由 …… 123
あなたを守ってくれる「守護霊」とのつきあい方 …… 128
亡くなった人とのつきあい方 …… 132

第4章

神さま仏さまに守られる人になる

第5章

知らず知らずのうちに運気が良くなる生き方

ブックデザイン　小口翔平＋神田つぐみ＋稲吉宏紀（tobufune）
DTP　キャップス
校正　広瀬 泉
編集協力　塚越雅之（TIDY）

第1章

強運を引き寄せる人間関係の法則

波長の合わない人とのつきあい方

Q 腹の底から嫌いな人とどうつきあうべきか？

誰しも生きていれば、人の縁から得をしたり、新しい知識を学んだりすることがあります。「ご縁」というのは、実は自分自身を成長させてくれるものです。

人との縁をつくる理由は、今の心、気持ちをきちんと言える人になるため、そして相手から有益な情報や知識を受け取れるようになるため。

自分を成長させてくれるのが「ご縁」です。

なぜ、腹の底から嫌いな人と出会ってしまうのか。

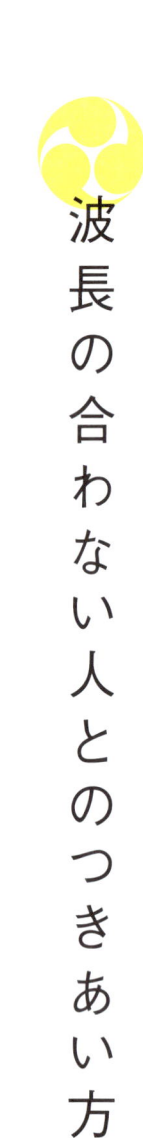

それは、その人が自分を育ててくれるからです。

悪者がいて初めてヒーローが生まれるように、嫌いな人がいてくれるから自分自身が成長できる。

逆に好きな人も同じ。その人とどういうコミュニケーションを取るか、どういうふうに付き合っていくかを模索する中で自分自身も成長していく。

Q 縁を切りたい人がいるのですが、どうしたらいいでしょうか？

「**腐れ縁**」という言葉がありますね。

たとえば、別れてもまたどこかで会ってしまうような関係です。

これは夫婦でも、彼氏・彼女の関係でも同じです。

最初はお互いに好きで付き合いはじめる。やがて、どっちかが成長して、どっちかが成長しなかったらどうなるか。どこかで不釣り合いになってくる。その結果、縁が切れてしまうことがあります。

ところが、お互いに成長していると、ずっとつながったまま、学び合いの関係を築くことができます。つまり、与える・与えられる関係です。

たとえば、夫婦の関係でも、お互いに成長することができれば、いうなればそれが「腐れ縁」なんですよ。たとえ一時的にけんかして離れようとしても、また結び直す。お互いが持ちつ持たれつの関係になって、真の夫婦になっていくんです。結婚した時点で夫婦になるのではなく、真の夫婦になるためには、お互いが学び合っていかなければならない。

だから、「夫」という漢字は「二」と「人」を足して「夫」と書くんです。「一人」だったら「大人」になる。ところが、夫という漢字は「二人」です。

「妻」という漢字も、一番ヨイ（良い）女と書きます。お互いに成長していくからこそ真の夫婦になるということです。

人との関係が終わるというのは、そのご縁による成長や学びが終えた証拠。その時点で、縁が切れる……というわけです。

たとえば、人生で嫌いな人に出会ったとします。

その人を「嫌いだ」と思っているうちは、縁がつながったままです。嫌いな人に「おかげさま」と感謝できるようになった時点で役割が終わり、ご縁がなくなることもあります。

でも、そこからまた違う縁が生まれてくることもあります。成長するために、人との縁がつながったり切れたりするのです。

だから、つながり続けているということは、特別に深い縁があると考えていい。夫婦の縁、師弟の縁、親子の縁など、縁が切れない関係はお互いに学び合わなければならない関係です。

いい縁だけじゃないですよ。けんかしたり、トラブルがあったり、また仲直りしたりしながら成長していくんです。

ビジネスでも同じことが言えます。

取引のある会社さんとトラブルで縁が切れちゃったりする。いったん取引はなくなるけれども、お互いの会社が成長していくと、どこかでまたシンクロする場合がある。「ああ、ご縁ですね」と。そしてまた離れていったり、くっついていったりする。

自分自身を育ててくれる存在とつながるのが「ご縁」の正体です。

私たちはいつも縁を探している存在です。

必要な人や物事、出来事に出会うのは、自分を成長させるために心や魂がそれを求めているから。自分の中で探し求めているものを、ご縁が運んできてくれるんです。

嫌なこともいいこともひっくるめて。

それを学びとして受け止めることが大切です。

学びのためにその人が存在するんです。

腹の底から嫌いな人も「縁があって嫌いなんだ」と考える。

「わざわざ私のために悪者になってくれて、ありがとう」

こう言えるようになることが大事なんじゃないかな。

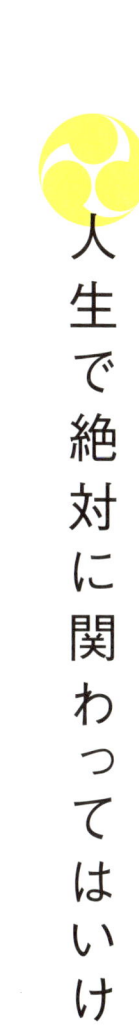

人生で絶対に関わってはいけない人

Q 人生で関わってはいけない人がいるとするなら
どんな人ですか？

関わってみなければわからないって逆に思ってもらったらどうかな。

関わってみて「これはやめたほうがいいな」と思ったら、離れる。もちろん、他人や友達が「やめときなよ」と言うときは、素直に聞くのも大事ですが、基本的には自分がその人に関わってみないとわかりません。

関わってみて初めて、関わるべき人とそうでない人が判断できる。

たくさんの人と関わってきた人ほど、「この人とは関わらないほうがいい」と見極める力が身につきます。人と関わらないうちから「あの人には関わらないほうがいい」と決めつけるのは、間違いじゃないかな。関わってみなきゃわからない。失敗するかもしれないし、嫌な目に遭うかもしれない。

でも、逆に大きな得をすることもあります。

まずは多くの人と躊躇《ちゅうちょ》せずに絡んでみることです。他人とあまり関わらない人、ご縁をつながない人ほど、後々損をします。

関わってみることに、人としての学びがあるんです。

Q ネガティブな人とは関わらないほうがいいんでしょうか？

「反面教師」という言葉がありますよね。他人の行動を見て、自分を正すという意味です。人の悪口や愚痴を言ったり、人を否定したり批判する人は多いです。でも、自分のことは案外よくわからないもので、時には「自分も同じようなことをしているかもしれない」と振り返ることも大切。

どんなご縁でも大事にしたほうがいいんじゃないかな。

そこには何か意味があるはずだから。

たとえば、文句や愚痴を言う人と出会ったのは、「あなたも同じようなことをしているかもしれないよ」という反面教師としての意味があるのかもしれません。

もしくは、その反面教師を見せてもらうことで、「私はそうなってはいけない」と確かな行動基準を持つことができるかもしれません。

どちらにしろ、**「自分が成長するためのありがたい存在だ」と思う癖をつけることで運気は向上します。**

反面教師さんが悪役になってくれることで、自分の成長を促してくれているんです。

嫌いな人をむりやり好きになる必要はありませんが、自分に知識や知恵がつけば、そのような相手も何とも思わなくなります。

嫌な人でも好きになれというのではなく、嫌な人をどうでもいい存在にできたとき、自分にはコミュニケーション能力という知恵がついているのです。

嫌いな人や苦手な人に出会うことも、人生の大事な一部です。

人から好かれる人と嫌われる人の違い

Q

人から好かれる人と嫌われる人の違いって何から生まれてくるのですか？


自己中心的な人なのか、それとも人を応援している人なのか。

その違いじゃないかな。

自分のことばかり考えている人は、いつも誰かと比べて、誰かに認められたくて生きている。恥ずかしい思いをしたくないとか、かっこ悪く生きたくないとか。

誰かの目を気にして生きている人は、どんどん自分に負荷をかけていることになる。

だから、負のエネルギーに満たされてしまいがちです。

応援している人というのは、誰かのために、相手がどうやったら幸せになれるか、どうやったら元気になれるか、いつも考えている人です。

他人のことを本気で考えると、自然と自分のことが後回しになり、他人を優先しようとするようになります。人は誰でも優しくされたいし、応援されたいものです。「がんばってるね」「応援してるよ」と言われると、嬉しくなりますよね。

そんな言葉を自分が他人にかけられる人間になれたら素晴らしいことです。その結果、相手から「ありがとう」という言葉が返ってきます。**「ありがとう」をたくさん受け取ることができる人は、他人からポジティブなエネルギーをもらっているので、負のエネルギーを持ちにくい。**

他人から「ありがとう」をたくさんもらうことで自信もつきます。そういう人が最終的にもっと魅力的で、人に好かれる人物になるんじゃないかな。

Q 相手に尽くすと、そこから自分のエネルギーが湧《わ》き上がってくるのですか？

他人に尽くしている人は輝いて見えて、その努力が自己成長につながっています。他人を大切にして行動することで、人との接し方やコミュニケーションの取り方も自然と進化していくものです。

そして、周りから「ありがとう」と言ってもらえることで、自分自身も知らず知らずのうちに成長していく。結果的に、その成長がエネルギーとなる。

実際に他人に尽力していると、そのエネルギーがどこか別の形で返ってくることがあります。これはエネルギーの法則のようなもので、自分が与えたものが巡り巡って、自分に戻ってくるという考え方です。

たとえば、昔は職場の先輩が後輩を食事に連れて行き、後輩におごるのが当たり前でした。その瞬間は自分の財布が軽くなりますが、後輩は先輩の優しさを感じ、信頼を寄せるようになります。

後輩が成長し、また別の後輩ができたときには、かつて先輩にしてもらったことを次の世代に受け継いでいくことでしょう。こうした行為は、直接返ってくることはないかもしれませんが、巡り巡って、思いがけない形で自分に戻ってくることがあります。

これは、互いに支え合うことでエネルギーが循環し、最終的に自分も助けられたり救われたりするという、**ご縁のつながりの力**です。

Q 返ってくるのを期待して、何かをしてあげるのでは、順序が逆ですか？

見返りを求めるよりも、まずは他人のために率先して与えることが大切です。誰かのために何かをしているときは、むしろエネルギーが湧いてきて、疲れを感じることが少ないはずです。実際、大好きな人のために行動しているときって、不思議と疲れを感じないものですよね。

一方で、自分のことばかりを考えていると、かえって自分自身に疲れてしまいます。そうなると、人との関わりが億劫になり、次第に孤立してしまうことも。

だからこそ、見返りを期待する前に、まず相手のことを思いやることから始めてみてはどうでしょうか。その積み重ねが、結果的には自分自身を豊かにし、周りの人とのつながりを深めることにつながります。

悪口や陰口に対する正しい心構え

Q

会社とか学校など集団の中で生きていると、悪口や陰口ってどこからか聞こえてきます。それに傷ついたり、嫌な気分になる。悪口や陰口にどう対処したらいいですか?

悪口や陰口を言うのが人間の特徴です。
もちろん悪口も陰口もマイナスなものですが、悪口を言っている人、陰口を言っている人の姿や、顔色を見て、**「ああ、こういうふうに人のことを言っちゃいけないな」**と、逆にプラスの学びになることもある。

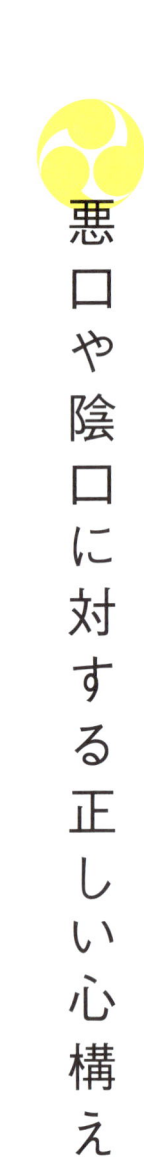

怒りの感情もそう。怒りは、なぜ人間に備わっているのか。

たぶん怒ったことがない人はいないと思いますが、怒りの感情がなぜ人に備わっているのかというと、怒りもプラスになるときがあるからです。

だから、**陰口も悪口も、その人の「ものの見方」と捉えればいい。**

私にも陰口や悪口が飛んでくるときもありますが、受け止めないようにしています。

お釈迦《しゃか》さまの説法の中に面白い話があり、私はそれを実践しています。


昔、お釈迦さまがみんなに注目され始めたとき、「出る杭《くい》は打たれる」のごとく、悪口を言う方がいて、お釈迦さまを罵《ののし》った。人前でお釈迦さまが説法しているときに、お釈迦さまの悪口を延々と人前で言い続けた。

さて、それに対してお釈迦さまはどうしたか。

何を言われてもまったく受け取らなかったのです。

つまり、「反応しなかった」ということ。

お釈迦さまに悪口を言っていた人は、何時間もしゃべり続けた結果、最後は自分に疲れちゃった。文句を言いすぎて疲れちゃった。疲れた揚げ句に、お釈迦さまに向かって、「なんであなたはこれだけ罵られているのに、何も答えてくれないんですか！」

と怒った。

　すると、お釈迦さまはこう答えました。

「答えたら私が受け取ったことになるじゃないですか」

「私が受け取らなかったら、その言葉は誰のものですか？」

　悪口を言っていた人がハッと我に返った……というお話です。

　私自身もそのような実践をさせていただいています。悪口や陰口はあちこちから飛んできますが、一切受け止めません。そうすることで、悪口や陰口を叩く本人にそのままブーメランのように返っていくんじゃないかなと思います。

Q それがわかっていても、ついつい反応してしまいます……。

「受け止めない」というのもなかなか難しいことですが、**悪意は必ずその人に返っていきます。**悪意のエネルギーを自分が受け止めなかったら、その人に返るんだと思っていただければ、少しは気持ちも楽になるんじゃないかな。

これはぜひ実践していただきたい対処法です。

Q ついつい悪口や陰口を言いがちな人はどうやって改善すればいいですか？

人はなぜ悪口を言うのか。

それは、悪口によって相手を変えたい、自分の思った通りに相手を動かしたいと思っているからじゃないかな。思った通りになるんだったら、悪口なんて言わなくていいわけでしょう。

でも、相手はなかなか変わりません。人を変えることって一番難しいんです。

だったら、相手を変えるんじゃなくて、自分がそんなことに気にならない人になったほうが早い。相手を変えるのは難しいけど、自分自身を少しだけ変えてみることのほうが簡単でしょう。

たとえば、これまで食べたことがないようなおいしいものを食べたとします。

さっきまでは「あいつのことが気に食わん。イライラする。腹立つわ」と言っていたのに、おいしいものを食べたらどうでもよくなった……なんてことはありませんか。

あるいは、きれいな風景を見たり、欲しかったものが手に入ったりしてテンションが上がれば、「もう、あいつのことなんかどうでもええわ」となったり。

相手に執着したり、相手をなんとかしようと思えば思うほど、悪口や陰口が出てくる。だったら相手を変えようと思うより、自分の気持ちを変える。自分が気にならない人になっていくほうが楽じゃないかな。

だから、ある程度の「我慢や辛抱」は大事。

ただし、どんなに我慢しても出ちゃうときは出ちゃう。それなら出してみるのもいい。悪口を口に出してみて、そんなことを言っている自分が「かっこ悪いな」と気づくか、もしくは悪口を言っている人を見て「あれはあかんわ」って、腑《ふ》に落としてもらうのもいい。

そういう意味では、さっきの怒りと一緒で、怒りの感情だって表に出してみなきゃわからないこともある。怒ってみて初めて「しまった」と気づく場合もある。

Q 相手を変えずに自分を変えるというのは、自分の思考とか考え方も変えるということですか？

シンプルに「**ものの見方**」ですね。

ものの見方を変えれば、考え方は変わる。

「こうだ」って物事を思い込んでいるのは、実は自分の観念に過ぎません。

「こうしなきゃいけない」「こうでなければならない」と思い詰めるのも、単なる観念。思い込み、観念に気づいて「ものの見方」を変えていく。

でも、それは時間が解決する話かもしれません。

自分がもっと成長すれば間違いに気づくこともあるし、世の中が今のように変化が激しい場合、今まで当たり前だったことが当たり前じゃなくなることもある。

仏教には「諸行無常《しょぎょうむじょう》」という言葉があります。

ひと時として同じことは続かない、すべてはどんどん変化していくという意味です。だから、一つの考えにとらわれる必要はありません。

たとえば、赤い花と青い花があるとしましょう。

もし自分が青い花だとして、赤い花に向かって「どうして青い花の気持ちがわからないの？」と言ったところで、赤い花には理解できません。だったら、自分が赤い花の気持ちを理解するほうが、よほど簡単ではないでしょうか。

相手に自分を押しつけるのではなく、相手がどんな人で、どんな考え方を持っているのかを理解することができれば、コミュニケーションもスムーズになります。

そうすれば、悪口なんて言う必要がなくなるんですよ。

「こういう人に悪口を言ってもしゃあない」っていう考え方になる。言えば伝わる相手だったら言い方を変えればいい。考え方を変えてみればいいだけの話です。

顔の特徴で相手を見抜く

Q 和尚《おしょう》は人の表情や人相でその人の状態を見極めたり、感じたりすることがありますか？

人相というのは人の心の表れじゃないかな。

だから、悩んでいる人は悩んでいる人の顔をしていますし、怒っている人は怒っている人の顔になる。悩みごとを抱えている方というのはそういうネガティブな顔になってしまいます。人相学をとくに勉強していなくても、みなさん、なんとなく感じることができると思います。

これはある意味、人相よりもオーラといってもいいんじゃないでしょうか。

つまり「氣」です。**人は誰しもエネルギーを感じています。**

今が充実している人は、やはり心も穏やかな分だけ顔つきや表情も穏やかになっていきます。生き方と人相は重なっている場合が多い。どれだけ隠したとしても、人の表情って表れちゃう。

「おはようございます」と言うときでも、嫌いな人に対しては「おはようございます（あんたのこと嫌いやねん）」という感情が含まれています。それは耳で聞こえる音じゃない。心の声ですね。

心の声がエネルギーとして出ちゃっている。だから、相手のことを心の中で嫌いだと思うと、それは相手にも伝わります。

好きな人に言う場合は「おはようございます（大好きだよ）」と言っています。耳には「おはようございます」としか聞こえてないけど、伝わるほうのエネルギーとしては「嫌い」とか「好き」のほうが強い。むしろそっちのほうを人間は敏感に感じ取るもの。

「なんとなく嫌われている〝気〟がする」

「なんとなく好かれている〝気〟がする」


この「気」というのがエネルギーそのもの。

人というのは、気がわかるようにできています。

Q 和尚さんは「言葉」と「気」、どっちを重要視していますか?

言葉よりも気のほうですかね。

3対7くらいじゃないですか。

言葉は表現上手です。みなさんも「心で思っていること」と「口でしゃべっていること」が違うときのほうが多くないですか。

素直な気持ちをそのまま言えるのは、子どもの頃はできたこと。でも、大人になった今、嫌いな人に向かって「あなたのことが嫌いです」って、どれだけの人が言えるでしょうか。それが大人としての社会性というものです。

ただ、その感情をどう表現するかが大切な学び。言葉というのはすごく勉強する必要があります。ストレートに「あんた嫌いや」と言うよりも、うまく回避する言葉を使うのは大切です。

だけど、あなたの「気」はそのまま相手に伝わっています。

言葉はごまかせても、気持ちはごまかせないんです。

Q 正直な気持ちを言葉にできない人ほど、人相的には曇っていたりしますか？

曇っているし、だんだんしかめっ面になってしまう。

そうすると相手を寄せつけなくなっちゃう。

人を寄せつけない「氣」になってしまいます。

同じ笑顔でも、つくり笑顔なのか、自然な笑顔なのか。

素直に表現する言葉を学ぶことで、魅力やオーラとして人を引きつける力に変わっていくと思います。それには、まず自分に素直になり、正直に気持ちを伝える方法を勉強してみることが大事です。言葉や行動、思いをしっかりと表現できるようになること。

逆に、失敗することも重要です。たとえば、ある言い方をしたら嫌な反応が返ってきたり、別の言い方をしたら馬鹿《ばか》にされたり、そういう経験も成長には欠かせません。

失敗を通じて、「この言い方ではうまくいかないんだ」と学び、また新しい言い方を試す。それを繰り返しながら、多くの人と関わることで、コミュニケーションの取り方が少しずつわかってきます。

コミュニケーションがうまく取れるようになった人は、顔つきや表情も豊かになっていくものです。逆に、言いたいことを言えずに我慢ばかりしていると、人相も曇ってしまう。

やはり、人相にはその人の内面が表れるものじゃないかな。

人間関係にすっかり疲れ果てたときの処方せん

Q 上司の心ない言葉や態度に精神的に疲れ切ってしまいました。

上司や部下との関わり合いを通じて、相手をうまく扱えるような知識と知恵を身につけ、効果的なコミュニケーションを取ることが大切です。悩むよりも、スキルをプラスしていく。そうすれば、苦手な相手がどうでもいい存在に変わるでしょう。

あまりに悩みが深い場合は、思い切って会社を辞める勇気も必要じゃないかな。苦手な相手のいる環境に執着・依存するのはしんどいこと。**諦《あきら》めることも大事で、それは今を捨てるのではなく、あきらかにすること。次のステージに進むということです。**

しかし、これまで頑張ってきたのに、収入の目処《めど》が立たないなどと妄想するとネガティブになりますよね。ここでの執着のポイントは「今まで頑張ってきたのに」というところです。**今まで乗り切れたのなら、これからも乗り切れるはずです。**

ただ、それは現在の場所ではないかもしれません。今いる会社や組織の中で学びきったことがあるなら、これ以上はないという状態です。執着せずに、思い切って次のステージに進んでみることが大切です。全く畑違いのところかもしれませんが、それは縁が運んでくれるでしょう。

そこに執着して辞められないと思い込んでいるだけかもしれません。何のために生まれてきたのか、それぞれの人生には役割があります。このステージを学び終わったら次のステージに行けるようになっています。

思考で拒否すると縁が遠のいてしまいます。次のステージに進むために、離婚や死別、縁の切れ目や新たな縁がつながることもあります。だから、次のステージに進む勇気も必要です。

Q そういうご縁をこちらからいただく方法はありますか？

難しく考える必要はありません。

縁を得めるためにはどうすればいいのかというと、縁を探しにいけばいいだけ、ただその氣になるだけです。

たとえば、恋人が欲しいと思って意識を高めると、人はちゃんと恋人を探し始めます。すると、隣に座っている人が魅力的だなと感じて声をかけてみようかなという気持ちになったりします。

あなたが意識しなければ縁はやってきません。ラーメンを食べたいと思わなければ、ラーメン屋さんに行かないのと同じ。きわめてシンプルな話です。

人は望めば、縁がちゃんとやってきます。

奇跡のように感じるかもしれませんが、実は常に起きている出来事です。ただ自分が意識していないだけ。みんな外側に意識を向けず、内側にばかり気持ちを向けてしまっています。「女の子に声をかけるなんて恥ずかしい」と思っていたら、一生ご縁はやってきません。でも、「彼女を探すんだ」「嫁さんを探すんだ」「彼氏を探すんだ」と意識すれば、必ず見つけることができます。人間はちゃんとサーチできるものです。

そうしたら、誰かが「彼女（彼氏）を探しているんだね、紹介しようか」と声をかけてくれるかもしれません。意識しなければ、それらのチャンスも見逃してしまいます。だから、意識してみることが大切です。

何かを意識してみることで、必ず縁は生じます。自分の意識を高めるとか、エネルギーの高め方なんて学ぶ必要はありません。ただ意識すること、やってみようと思うだけでいいんです。

Q そもそも意識の仕方がわかりません。どんな心持ちで生きればいいのですか？

心の持ち方を深く考えすぎないことが、実は正しい心の持ち方そのもの。もっとシンプルに考えたほうがいい。好きなものは好きでいいし、食べたいと思ったら食べたいでいいんです。

深く考えすぎると、どんどんネガティブになってしまいます。歳を取るほど深く悩みがちですが、それはただの頑固さにすぎません。柔軟な心を持ち続けることが大切です。

強い思いを持つ。それこそが「意識する」ということです。たとえば「食べたい」「買いたい」と思う強い意志が意識です。それだけで十分です。周りの目を気にしすぎたり、こう言ったらどう思われるだろうと考えすぎるのは、ただの遠慮であり、配慮ではありません。

大事なのは、どれだけ強い思いを持てるかどうか。「もう駄目だ」と思うなら辞める決断をする。「まだ頑張れる」と思うなら続ける。ただそれだけです。

グレーゾーンで考えないこと。物事はイエスかノー。

シンプルに考えたほうがいい。

波動が高い人の特徴

Q そもそも「波動」って、何ですか？

波動という言葉は文字通り、波のように動くエネルギーのことを指します。もっとわかりやすく言うと、テンションや自分のエネルギーレベルのことです。

波動が高い人というのは、自分のやりたいことをやっている人。楽しい夢や目的、希望を持ち、やりたいことを日々やっている人は、エネルギーが感じられます。特に女性は、そのエネルギーが顕著に表れる方が多いようです。

多くの人は、現実を基準にして物事を捉えます。たとえば、「今が駄目なら未来も駄目だろう」「今が良ければ未来も良いはずだ」と考える。「現実脳」と言えるかもしれません。

一方で**「未来脳」**を持つ人もいます。未来脳とは、今が駄目でも未来はきっと良くなると考える脳です。「今は苦労しているけれど、この苦労が将来の成功につながる」と考える人たちです。

未来脳を持っている人は、波動が高い人と言えるんじゃないでしょうか。彼ら彼女らは、「今が駄目だから未来も駄目だ」とは考えず、「今の苦労は未来のため」「今の苦しみは未来が明るくなる前兆」「今学ぶことで未来は明るくなる」とポジティブに捉えます。そういうマインドを持つ人が、波動の高い人です。

Q 波動を高める方法はありますか？

女性の場合、美意識を育てることも波動を高める一つの方法です。

美意識が高いと波動も高まります。とくに恋をしている女性は、よく「なんだか、最近きれいだね」などと言われますよね。男性に対して「おまえ、恋しているから、かっこよくなったね」と言うことはあまりありません。

その意味では、心の躍動を重要な感覚として捉えているのは女性かもしれません。心が満たされることで波動は高まる。

きれいな洋服を着る。お化粧をする。きれいな佇《たたず》まいでいることは、心を満たすための女性ならではの大切な手段。自分の心を満たすことで波動は高まっていくんです。

波動が高まると、癒《い》やす能力や包容力も高まります。そのためには、素直に心を満たすような考え方や生き方を実践することが一番いいんじゃないかな。

Q 男女問わない波動の高め方を教えてください。

波動を高めるためには、自分を信じること。

でも、「自分を信じる」って、抽象的で難しいですね。

だから、**まず他人を信じることから始めるといい。信じるのが難しければ、応援し**

てあげること。人を助けたり、アドバイスをしたり、大切な人を応援することで、あなたも人から応援されるようになります。

そのときには、自分を信じることもできるようになるし、応援してもらうことで自信もつく。つまり、自分を助けてくれるのも、自分より人なんです。まずは、信頼できる人とのお付き合いを大切にすることが重要です。

これは仏教の教えでは**「利他行《りたぎょう》」**と言って、自己を成長させるために他人に尽くすという考え方に通じます。

本気で人に尽くしている人は、自分のなりふり構わず行動しますよね。誰かを本気で応援したいと思ったとき、自分のことはどうでもよくなるものです。

たとえば、自分の家族や子どもを応援するとき、自分はなりふり構わず応援できる。自分が食べられなくても子どもに食べさせたいと思うように。

だから、大切な人を見つけたら、自分のことはひとまず置いておいて、その人をもっと大切にしようとすること。それくらいの利他の関係を築くことが大切です。

自分の波動を高めたいなら、まず相手の波動を高めることが一番です。人に喜んでもらい、大切な人が喜ぶことで、自分の波動も高まるのです。

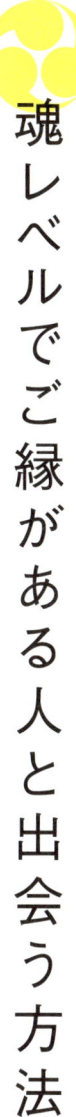

魂レベルでご縁がある人と出会う方法

Q 「ツインレイ」という存在は本当にいるのでしょうか？

「ツインレイ」という言葉はスピリチュアルの世界でよく耳にしますね。ツインレイとは、前世で一つだった魂が、現世で二つに分かれたものだそうです。一般的に、男女の組み合わせで誕生することが多いようです。

ツインレイ同士は、最初に出会ったときからすごく懐かしい感じがするようです。初めてなのにどこかで会ったことがあるように思える感覚。何十回も何百回も会って、親友とか、大親友になった人のように、最初から気を使わなくていい。一緒にいて楽だ、心地いい。こういう人のことです。

ただ、前世って、1回や2回の話じゃないんです。人によっては、一度だけ転生した人もいれば、10回も20回も転生してきた人もいます。

つまり、ツインレイは一人だけではない可能性があります。人生の中で何度も出会いがあるのではないでしょうか。

また、「この人が絶対にツインレイだ」と思っても、実際にはそうでない場合もあります。自分が「この人は私のツインレイだ」と思っていても、相手が同じように感じていないこともあるため、依存や執着は避けたほうがいい。

ただし、フィーリングの合う人というのは、男女関係なく存在します。好きだとか、惚《ほ》れた腫《は》れたという恋愛関係の話ではなく、その領域を越えた関係です。

それがツインレイの関係です。

たとえば、60歳の人と10歳の子どもがいて、その関係が恋愛になるかというと、それはありえないでしょう。しかし、歳の差を超えた非常に心地よい関係が存在することがあります。要は、心が喜び、魂が震えるような感覚です。それが魂のツインレイと呼ばれる存在同士の関係です。

Q 魂でつながっている人とはどんなタイミングで出会えますか？

大きな節目のときに出会うことが多いと思います。

人生を変えなければならないときや、自分の大きな変換期。

生き別れ、死に別れ、いろいろな形で縁が切れたりつながったり、人生にはいろいろな節目があります。何かを切り捨てなきゃいけない。勇気を出してつかまえなきゃいけない。そんな、すごく大きな人生の変換期です。

魂でつながる相手って、一つの節目のときに出会ったりする関係なんじゃないかな。もちろん恋愛に発展していく場合もあるし、ビジネスのパートナーになったり。足りないものをお互いに補う合う関係ですね。

自分が持っているものを相手が持っていない、相手が持っていないものを逆に自分が持っているという関係性は、誰にでもあるもの。

人は完全体じゃないんです。だからこそ、多くの縁をつなげていくことが重要。

その中で本当に必要な人が現れます。

必要な学びのタイミングで、必要な者同士が縁としてつながります。だから、本当の意味で、どちらが師匠でどちらが弟子かはわからないこともありますが、お互いに補い合っている関係性です。

それは、必ずしもいい出来事ばかりではない。時には悪い出来事を通じて出会うこともあります。悪いご縁としてつながることや、嫌いな人とつながることも、それもまた、広い意味でツインレイと呼べるんじゃないでしょうか。

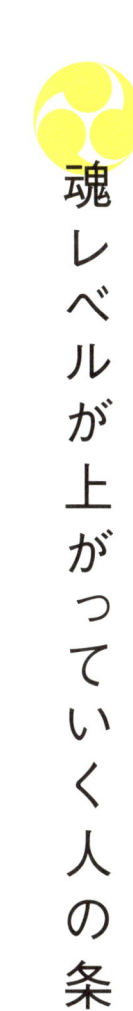

魂レベルが上がっていく人の条件

Q 人格を成長させていくためには何が大切ですか？

そもそも人間の構造の中で、魂はどこにあるのでしょうか。

イメージとしては、物質世界に身体《からだ》があります。その身体の内側に感情があり、感情は五感で感じ取ります。五感とは視覚、聴覚、嗅覚《きゅうかく》、味覚、触覚のことです。その内側には感情があり、喜びや怒りといった感情は感じることはできても見えません。

ここまでが顕在意識です。

さらに奥には心があり、これはマインドとも呼ばれます。この心の部分は意識できない部分であり、潜在意識と呼ばれます。そしてそのさらに奥に魂があります。心の奥にある魂は潜在意識レベルであり、自分でも意識できない部分です。

心はどこにあるのでしょうか。多くの日本人は「心はある」と答えるでしょう。まだ脳が発達していない幼少期に受けた傷が心に宿ることがあります。これがトラウマとなり、大人になってから対人恐怖症や人間不信になることもあります。このような場合、インナーチャイルドやアダルトチルドレンと呼ばれることもあります。

さて、**魂の成長**とは何でしょうか。

それは**私たちがこの現実世界を大切に生きること**です。心とは結局、固定観念、先入観、価値観のことです。固定観念や先入観は他人には見えても自分には見えにくいもの。

でも、仲の良い友達は「お前って頑固だよね」とか「こんな固定観念を持っているよね」と指摘してくれます。だから、**心の成長のためには、たくさん友達をつくり、腹を割って話ができる人を持つことが大事です。**

たった一人でもいいので、腹を割って話ができる友達をつくること。そうした友達がいれば、自分の心も強くなり、悪いところを指摘してもらいながら心を成長させることができます。五感で感じるこの身体と共に生き、私たちが生きている世界を大切に生きることが大事なのです。

Q 魂のレベルを上げるには人付き合いが大事だということですか？

すべての人と深く関わるのは難しいです。一人でも、二人でもいいので、本当に腹を割って話せる人たちとの関わりをつくることが大事。本気でぶつかり合うことも必要です。よく「けんかするほど仲がいい」と言いますが、本当に大げんかできるくらいのレベルで腹を割って話せる仲間をつくりたい。そうすれば心も成長し、生き方も変わってくる。

魂の成長というのは、役割の違う者同士が成長し合うこと。

同じように生きる人はこの世に一人もいません。兄弟や親子、夫婦であろうが、同じように生きることはできません。それぞれの役割があり、その役割を持つ人同士が腹を割って話し、注意し合ったり叱《しか》ったりすることが大事です。

真剣に自分のことを考えてくれる人との付き合いが、一番魂の成長につながるんじゃないかな。逆に、自分もまた、真剣に他人のことを考えてあげる人にならないといけません。

Q 言われるだけじゃなくて、言ってあげることも成長なんですね。

人を応援できる人こそ、人から応援してもらえるものです。だからこそ、真剣に人を応援してあげないといけない。**誰でも構わないので、周りの人たちを応援してあげましょう。**それが親でも子どもでも、友達でもいい。そうやって応援し続ければ、いつか自分も腹を割って話せるし、相手も腹を割って話してくれる。

腹はエネルギーを貯《た》める場所です。若い世代は「むかつく」と言いますよね。「アタマにきた」という表現もあります。エネルギーがだんだん上に上がってきているのです。でも本来、基本は腹です。

腹を割って話ができる人、そういった仲間をつくっていくことが大切です。

第2章

うまくいく人だけが知っている開運習慣

邪気払いする方法

Q 邪気が溜まっている人はどんな特徴がありますか?

日々、多くの方々と接する中で、時々、邪気を感じる人に出会うことがあります。まず、匂《にお》いが特徴的です。生理的な臭さとも違う、汗臭さとも異なる、ちょっと鼻につくような匂いがします。まるでお風呂に何日も入っていないような感じです。見た目もどんよりしていることが多く、霊感がなくても気づくことができると思います。場の雰囲気を暗くする人って、なんとなくわかるものですよね。

何かを我慢している人や、言いたいことを言えない人は邪気が滞りやすいものです。

目がトロンとしていたり、眠そうだったり、しんどそうに見えたりします。目がつり上がっていたり、不安そうな表情をしている人もいます。「大丈夫?」と声をかけたくなるような、誰が見てもわかるくらい邪気が溜まってる人もいます。

我慢して言いたいことが言えない、すごく腹が立っているけど押し殺している、そういう人はとくに邪気が滞りやすいんです。

病気と邪気って、比例しているように感じます。

うまくいかないのを病気のせいにしちゃう人が多いですが、実際は逆です。我慢していたからこそ病気になったのに、病気だからこうなったんだと逆に考えてしまう。

自分でつくり上げて、自分で呼び込んで……「引き寄せ」という言葉を使うなら、良い気を引き寄せるんじゃなくて、悪い気を引き寄せてしまっている。

自分の中にあるマイナスをコントロールできなかったから、そりゃ自分の中からも悪い気が生まれてきますよ。

Q 簡単に邪気を払う方法はありますか?

「気」という漢字は気持ちの気ですが、「**鬼**」という表現もできます。

自分の中の鬼をコントロールできなくなると、悪い気を吸い寄せてしまいます。自分の中の鬼がどんどん力を増すと、最後はコントロール不能になって、突然怒り出したり、突拍子もないことをしてしまったり。

そんな「鬼」をどうやって払うか。

ちょっとした邪気くらいだったら自分で簡単に払えますよ。

大事なのは自分で「気づくこと」。もし症状が出てきていたら、なんで病気になったのか、どうしてこんなことになったのかを考えてみること。

誰かや何かのせいにしなくなった時点で、自分の中の邪気は払えるようになります。

もう一つの方法は**マントラ**。

YouTubeチャンネルでお経の動画を公開していますが、不動明王の真言、マントラを唱えてみるのも効果的です。

あとは**おまじない**。「痛いの痛いの飛んでいけ」じゃないけど、自分にへばりついている邪気を固めて放り出すようなイメージ作りを試してみるのもいい。

こういった方法でも邪気は簡単に落ちます。

案外つかめるんですよ、邪気は。それをポトンと落としてしまう。屋外やきれいな場所、海の近く、川の近くでなどやったほうがいいかもしれない。

「手当てする」という言葉があるでしょ。「手を当てる」というように、手というのはエネルギーの高い部分で、気が強く出ている場所。手から出るエネルギーを使って、ほこりを落とすように自分で払えばいい。それだけでも効果があります。

もう一つは**お風呂に入ること**です。シャワーだけで入浴を済ます人はけっこういらっしゃいますが、お風呂に浸かるほうが悪い気は払えます。もちろん代謝も上がるので、気の流れ、血液の流れが循環することで、気の流れも循環して、結果的に悪いものが落ちることになります。

運気が良い家と悪い家

Q　「家相」が悪い家に住むと不幸になりますか？

おうちってね、呼吸しているんですよ。

とくに日本の家は木造が多いです。木は呼吸すると言われているように、木造の家は人が住まなくなると朽ちていきます。何年も空き家になっている家って、本当にボロボロになります。でも、人が住んでいる家は、どんなに古くても壊れずにしっかりしているもの。

家というのは、人の気を調和してくれる場所です。

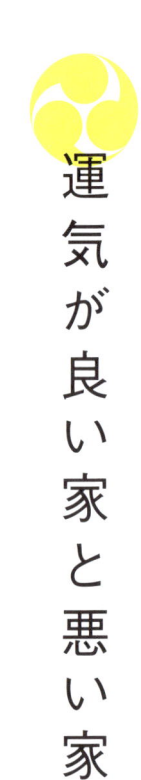

私も、家相を見ることがよくあります。新築の際に図面を持ってきて、家相を見てほしいという方が多いんです。鬼門や裏鬼門などを見て、ここにはこういうものを置かないほうがいいですよ、などとアドバイスします。もちろん、家相学の考えも重要ですが、その家に住む人の生き方が一番大事なんじゃないかな。

たとえ家相が悪い家に住んでいても、住んでいる家族が仲良く助け合っていれば、家の中の運気は良くなります。その逆もあります。どんなに家相が良くても、けんかが絶えなかったり、お互いを認め合わず、いがみ合っていると、運気はどんどん悪くなる。つまり、家の状態が悪くなってしまうのです。

家相や土地のせいで悪いことが続くのではなく、実はその家に住む人のエネルギーによって運気が良くなるか悪くなるかが決まるんです。

人が住まなくなれば家は朽ち、住んでいれば長持ちする。それと同じです。

もちろん家相も一理はある。あまりにも悪い家相なら、何か対策は必要ですけれども、8割は住んでいる人の生き方、物の見方、生活の仕方で改善できます。

アメリカでは「ゴースト付きハウス」というのが売られています。日本でそんな物件があったら誰も買わないでしょう。でも、アメリカの人たちは買うんです。事故物件として。幽霊がいるなら、家族が仲良く暮らす様子を見せてあげて成仏させよう、一緒にご飯を食べようという考え方の人がいるんです。

そんな発想を持っていれば、7〜8割は改善される。もちろん、残りの2〜3割を改善していくことは必要ですけども、家の運気を上げることができるのは自分たちの努力次第じゃないかな。

Q 家の運気を上げる簡単な方法はありますか？

風水や験《げん》かつぎのために、風水グッズを置くのも、家の運気を上げる一つの方法です。信じているものをどんどん取り入れればいい。

グッズを配置すること自体もご縁です。風水に出会ったのもご縁ですし、神道や陰陽道の教えに出会ったのもご縁です。いろいろなことを試してみるといい。どこかでフィーリングが合うものが見つかるはずです。お釈迦さまも「自分の教えを盲信するな」と言ったくらいですから、いろいろ試してみることが大事です。

たとえば、私のYouTube動画を見てくれたのならば、それも一つのご縁です。昔は直接会うことでご縁が生まれましたが、今はインターネットを通じて世界中の人とご縁がつながれる。私のYouTubeに出会って話を聞くのもご縁ですし、ネットを見て「せっかくだから和尚の言うことを一回試してみよう」と思うのもご縁。

あかんかったらあかんで、ほかにも風水や神道、キリスト教など、さまざまな教えがあります。それらを取り入れて、何が自分に合うか模索すればいいんです。

人生が激変するときに起こる前兆

Q このところ悪いことばかり続くのですが……何が原因ですか？

人生が大きく激変するとき、何かチャンスが訪れるとき、または人生が変わるとき、状況が一時的に悪く見えることがあります。「なんでこんな目に遭わないといけないのか」「最近、運気がめちゃくちゃ悪い」と感じることもあるでしょう。

でも、実はそういうときこそがチャンスです。

「ピンチはチャンス」と言うように、状況が悪化するときこそ、自分に足りない部分が明らかになるからです。先祖や守護霊、指導霊も、私たちを何かしらの形で守って

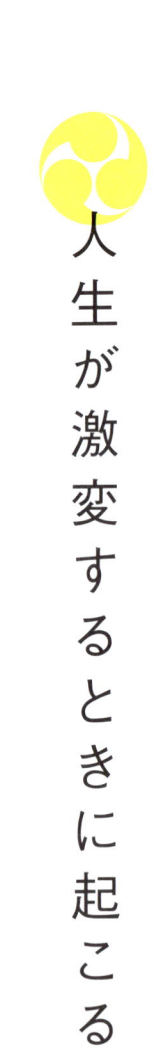

くれています。現実の世界でも、友達や家族に見守られながら生きている。

ところが、彼らが与えてくれるもの、教えてくれることに対して、すれ違いやズレが生じることがあります。自分が成長しなきゃいけないときに、誰かが言ってくれるタイミングやレベルと、受け止めるこちらのレベルが食い違ったとき、運気が下がるように感じることがあるんです。

でも、実際には運気が下がっているのではなく、「あなた、そこわかってないんやで」と気づかされている時期なのです。腹が立ったり、けんかをしたり、けがをしたりといった悪いことが起きるときこそ、自分が成長するチャンスです。

激変するときって、いったん運気が悪くなるように見えているだけなんです。

状況を改善する行動を起こして乗り越える、あるいは乗り越えようという気持ちになれば、今度は自分が激変してくる。

その解決方法や乗り越え方、そして乗り越えて幸せになる方法は、常に周りの人たちが教えてくれています。

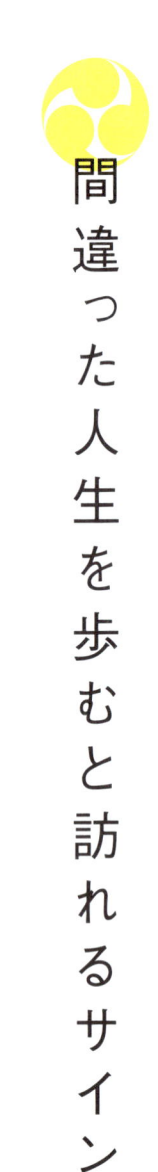

間違った人生を歩むと訪れるサイン

Q 道を踏み外した友人に
どんなアドバイスをすればよいか？

人生には正解がありません。

それでも幸せに生きたいと思うのが人間です。

生きていると、時には幸せな人生から道を踏み外すこともあります。過ち、成功、幸せなどの概念は、本人の主観で決めるもの。誰かに決めてもらうのではなく、自分が納得できる人生を歩みたいものです。

逆説的ですが、自分の思い通りにいかないことも、いずれ幸せの一部になると考えることもできます。つまり、本当に幸せになるためには、今の目先の出来事だけでなく、もっと長い人生を捉えて考えるべきなんです。**失敗があるからこそ、その先に成功がある。だからこそ、いつかその成功を手に入れることができる**、と。

人は目先の不幸にとらわれたり、振り回されたりすることがあります。しかし、それに引きずられない自分になるためには、日常の努力が大切です。

Q どんな「努力」をすればよいですか?

幸せって、どうやれば手に入れられると思いますか。

実は「幸せ」は自分で求めるよりも、誰かに与えるほうが得られやすいんです。「幸せになりたい」「幸せにしてほしいんや」と自分が求めるよりも、困っている人に自分ができる範囲で手を差し伸べるほうが簡単です。

たとえば、道端で困っている人の荷物を持ってあげたり、道に迷っている人がいたら道案内してあげたり、そんなシンプルなことでいい。何かを与えることができる人になったとき、幸せは自然と返ってきます。そんな小さな親切の積み重ねが幸せになれる生き方です。

人間なら、幸せになりたい、お金が欲しい、健康でいたい、こうなりたい、ああなりたいという欲求は誰にでもありますよね。それが人間です。修行を積んだお坊さんたちでさえ、そうした欲求はあります。

では、その欲をどう生かすか。やはり与えることが大事です。

人を幸せにし、応援し、喜んでもらうこと。ありがとうと言ってもらえるように、自分にできることを常に探し、それを自分の修行とする。そうした小さな幸せの積み重ねが、大きな幸せを生みます。逆に、求めてばかりいると、幸せはどんどん逃げていく。

Q それでもやっぱり思い通りにいかない場合は？

お釈迦さまは、この世を「**四苦八苦**《しくはっく》」と表現しました。四苦とは、生老病死のことです。つまり、生まれてきた苦しみ、老いる苦しみ、病気になる苦しみ、そして死に向かって生きることの苦しみを指します。

苦しみとは、簡単に言えば、自分の思い通りにならないことです。生きること、老いること、病気になること、死ぬことは、どれも思い通りにはなりません。

私たちは、自分の思い通りにならない世界に生まれてきたのです。

この世界で一つでも思い通りにするためには、やっぱり努力が必要。つまり、学ばなければならないんです。思い通りにならないことがあるとき、人は苦しみを感じ、それが不幸のサインになる。

だからこそ、そのときこそ努力に転換してほしい。

どんな努力をすればいいのか。

それは**「小さな幸せ」を少しずつ積み重ねること**です。求める側ではなく、与える側になる。ちょっとでも他人に幸せを与える、困っている人に手助けをする。そういったことが巡り巡って自分に返ってきて、「幸せやなぁ」と感じられるときが来ます。

思い通りにならないときは苦しみのサインであり、それこそがチャンス。苦しいからって、逃げてはいけません。生きることが苦しみであるなら、その苦しみから逃げられない世界に私たちはいるのですから、努力していこうと考えることです。

小さな幸せの積み重ねでいい。

不幸のサインは幸せに転じるサインなんですよ。


努力の積み重ねは、その人ができる範囲でかまいません。たとえば、自分が満たされてから人に施すという人もいますし、自分がたくさんお金を稼いでから、人に何かをしてあげるという人もいます。小さなことでも、「俺っていいことしたな」とか「あの人が喜んでくれて嬉しい」と感じられることから始めるといい。

自分が何をしたら喜べるのか、自分自身に向き合い、少しずつ試してみることが大事です。時には否定されたり、他人に合わせすぎてしんどくなったり、自分らしくなくなったりすることもあるでしょう。

しかし、その努力のバランスは自分自身がよくわかっているはずです。いつか歯車が噛《か》み合ったとき、「ああ、自分はしっかり誰かを愛せているな」とか、「自分のことが好きだな」と思えるちょうどいい頃合《ころあ》いが見つかるはずです。

○○をやめるだけで人生が激変する

Q 人生に「無駄」があるとすれば、それは何ですか？

私たちにとって、人生は限られた時間です。無限ではありません。

1年間は365日ですから、100年生きたとしても、たったの3万6500日です。100年は長いように感じますが、日数に直すと意外に少ないと感じませんか。

その半分の50年を生きた人は、ちょうど半分の1万8250日です。これってとても短く感じます。人生50年で2万日に満たないのです。

私たちの時間には、睡眠時間や余暇を楽しむ時間などが含まれています。たとえば、

1日7時間寝る人は10日間で70時間寝ることになります。これを積み重ねると、かなりの時間を寝て過ごしていることになりますよね。もちろん、寝る時間も大切ですよ。

では、何の時間を減らせるでしょうか。

それは**「考え込む時間」**じゃないかな。

考えることはもちろん大切。でも、「考えすぎる時間」はどうでしょう。**すべてにおいて「〜すぎる時間」というのはもったいない**。不安になりすぎる、苦しみすぎる、ネガティブに考えすぎる、悩みすぎる。もちろん悩んでもいい、苦しんでもいい、不安になることもあっていい。

だけれど、「〜すぎる時間」というのは無駄な時間ということになりませんか。

Q 不安が降り積もると止まらなくなります。どうしたらいいですか？

まずは行動を起こすことが大事。考えている時間って、ほとんど行動していないんです。だから、考えすぎるのをやめて行動に移すこと。たとえば、気分転換にちょっと外に出て、少し散歩してみるのもいい。気分を変えることで「～すぎる」時間を止めることができます。考えすぎても答えが出ないものは出ないのだから。

私たちは、生まれた瞬間から死に向かって生きています。

時間は確実に減っていき、いつ命が終わるかは誰にもわかりません。

もし、明日や明後日に死ぬとしたら、悩んでいる時間がもったいないと思いませんか。だからこそ、今が大事なんです。明日死ぬかもしれないと思ったら、今日を無駄にはできません。

生き続けることが当たり前になってしまうと、その大切さを忘れてしまいます。朝起きること、ご飯を食べることが当たり前になってくると、大切な時間だということを忘れてしまうのが人間です。

ネガティブに考えてしまう人、悩みすぎてしまう人は、何かのタイミングで考えすぎてしまう癖がついてるだけ。ならば、意識して考えすぎないような努力をしてみる。それが無駄な時間を削っていくことになる。

人生は長いようで短いんです。

考えすぎる時間を大切にしてはいけません。

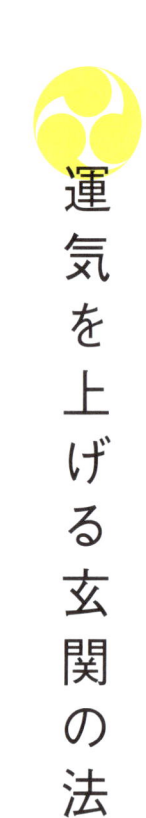

運気を上げる玄関の法則

Q 「運気が上がる玄関」「運気が下がる玄関」はありますか？

昔から、**「日の当たる玄関がいい」**と言われています。

東南や南向きの玄関は一日中明るく、お寺の本堂でも仏さまは北から南を向いて置かれています。神社の多くも入口が南に開かれており、参拝者は北側に向かって手を合わせる形になります。

「陽気」という言葉があります。太陽の「陽」に「気」と書きますが、これは陽の気が入ってくる方位を指します。アパートやマンションなどでは、北側に玄関を配置し、南側にリビングやダイニングを設けて明るさを取り入れています。

一軒家の場合は、東南や東、南に玄関やリビングを配置することで、明るい方位から陽の気を取り入れることができます。東や南、東南の玄関が一番理想的です。

これが昔から、日の当たる玄関はいいといわれている由縁です。

玄関はお客さんが入ってきて最初に目にする場所です、下駄箱を置く場所でもあり、靴を脱ぐ場所でもあるため、匂いには気を配る必要があります。臭い匂いがすると、そこに邪気が集まりやすくなります。

たとえば、南側や東側の玄関で、日の当たる場所なら陽のエネルギーで玄関が浄化されます。

風水的に見ると、**玄関が西の方位にあるとお金がなくなる**と言われています。その理由として、西日が強く、玄関が暑くなりやすいこと。そこに不浄なものを置くと、腐りやすくなります。昔で言えば、汲《く》み取り式のトイレに虫がわいたり、匂いが立ち込めてきたりするからです。ですから、西側の玄関は避けたほうがいいと言われています。

西の玄関は、夕日や西日が差し込むため、色が変わったり、蒸し暑くなりがちです。

一方、北側の玄関は寒くて暗くなります。とくに冬は日が早く落ち、午後になると暗い玄関になってしまいます。だからこそ、南側の玄関が運を呼ぶとされています。**玄関には、においや邪気がたまりやすいものを避けることが大切です。汚れたり、ゴチャゴチャしていると気が滞ります。**

龍の置物や八角形の鏡などが良いと言われますが、まずはきれいに保つことが先決。常に清潔で匂いのこもらない玄関にしておけば、悪い気は溜まりません。もし悪い気がたまりそうな玄関であれば、定期的に玄関を開けて風を通しましょう。これで邪気を払うことができます。

Q やっぱり、玄関には塩を盛るのがいいんでしょうか?

もちろん塩は邪気を払うのに有効です。

ただし、食塩（化学塩）ではあまり効果がありません。岩塩や粗塩と呼ばれる自然塩は食塩と精製の方法が違います。そういったものを玄関に置くことで、浄化作用が働いて、塩の結界ができます。その結界を通ることで、不浄が落ちると言われているんです。天日干しの塩などミネラルたっぷりの塩は身を清めるもの。だから、神棚に供えるのもそのためです。

お葬式の帰りに塩を使うことがありますよね。これは玄関の前で自分に塩を振りかけることで、不浄やマイナスのエネルギーを落とす意味があります。**塩は浄化の意味があり、玄関の左右に置くことで、塩の結界ができ、通るたびに浄化される**と考えられています。

Q 玄関にふさわしい香りのおすすめはありますか?

たとえば、**花の香り**を取り入れるのはおすすめです。

香りは邪気をリセットしてくれます。

玄関に悪臭は一番好ましくないので、もっとも避けたい。

とくに足は不浄が溜まりやすい場所です。人の気は頭から足に向かって流れていますが、足は邪気に侵されやすい場所でもあります。人の出入りが多い家ほど、そこに邪気が滞りやすい。だからこそ、風通しを良くしたり、光を当てたりすることが大切。香りは花の香りでなくとも、自分のお気に入りのもので構いません。

観葉植物を置くのもいいでしょう。邪気が滞っている玄関ほど植物が枯れやすいので、生命力の強い花や植物を置くと浄化につながります。

また、**お香を焚《た》くのも浄化の一つです。**

人生を悪い方向に進ませないちょっとした工夫

Q 人生が悪い方向に進みがちな人というのはどんな特徴がありますか？

本来、私たちは誰でも幸せになれるはずです。

しかし、ものの見方や考え方次第で悪い方向に変わってしまう。それはそれぞれの癖や性質によるもの。長年身につけた癖はなかなか直りません。人の意見を聞かない人も多いですが、まずは聞く耳を持つことが第一歩。せっかく言ってくれているのだから、それを聞いて行動に移すことが大切です。

人の言うことを聞けないと、人とのつながりも持てず、縁も切れてしまいます。そうなると、応援してくれる人がいなくなってしまいます。「俺は一人でいいんだ」「私は一人が好きだから」と言う人もいますが、人は生きていれば必ず誰かの助けが必要です。

やはり、人生を悪い方向に進めないためには、人とのつながりを持つことが大切。そうすることで感謝の気持ちも生まれ、好循環します。

Q 「誰でも幸せになれる」というのは本当ですか？

弘法大師《こうぼうだいし》さまは「**すべての人は仏性《ぶっしょう》を持って生まれてきている**」と仰っています。「仏性」とは、すべての人が生まれながらにして持っているとされる、仏さまと同じ本質、本性のこと。

せっかくこの世に生まれてきたのだから、この世で成仏とまでは言いませんが、幸せを感じたいですよね。でも人生はたった100年足らず。ならばその時間をどう使うか。

誰もが幸せに生きたいと願っています。「きっと私は不幸なんだ」と思っている人でもね。**そのためには、まずは笑顔でいられるようになることが大切。笑顔でいると、「こういうことをやりたいな」と思えるようになる。**

「希望」という言葉がありますが、夢や希望があるかどうかで、やっぱり人って変わってくる。夢や希望を持てる人になるって、すごく大事ですね。

Q 夢や希望がない人には悪い霊がついてくるのですか？

「類は友を呼ぶ」という言葉があります。

ネガティブな状態になると、ネガティブなものが集まってきます。

それは悪霊《あくりょう》のような目に見えないものに限らず、その人の周りにはすでにネガティブな人たちが集まってきているでしょう。その時点で気づいてほしいんですけどね。もしその状態を続けていると、見えないものにも振り回されるようになってしまう。

そうならないためにも、夢や希望を持って生きることが大事です。

金運の強い人だけがやっている習慣

Q
金運に恵まれるためには
何を大切にしたらいいですか？

お金って、**目に見える唯一のエネルギー**じゃないかな。誰かにいいことをしたら、その分いい形で返ってくる。これってお金もまったく同じなんです。

だから、金運の上げ方はお金の扱い方次第。

お金って人だけが使う道具ですよね。動物にはお金は扱えない。

お金が目に見えるエネルギーだと考えると、人が集まってくるところにはお金も集まってくる。逆に、みんなが逃げていくようなところにはお金も集まってこない。だから、お金の使い方は人の扱い方そのものなんです。

人が集まってくるような生き方をする人には、自然とお金もついてくる。

みなさんも、あまり「お金、お金」と言っている人って、ちょっと苦手じゃないですか。何かにつけてお金の話ばかりする人。お金にすごくケチな人や、お金にうるさい人は、たとえ実際にお金持ちでも、なんとなく近寄りがたいと感じることが多いでしょう。そんなふうにお金にうるさい生き方をしていると、やがて人は離れていきます。

「お金イコール人との関わり」と考えると、人が喜ぶようなお金の使い方や生き方ができれば、自然とお金も集まってくるんじゃないかな。たとえば、「ありがとう」と感謝の言葉をかけることで、結果的にお金も集まってくるようになると思います。

日本人はよく「すみません」と言いがちです。

でも、それを**「ありがとうございます」**に変えてみたらどうでしょうか。

「すみません」って、日常の会話によく出てきますよね。でも、これを「ありがとうございます」に変えてみるだけで、相手に与える印象も、自分に返ってくる運気も変わってきます。

もちろん、いきなり「ありがとうございます」と言うのが難しい場面もあるかもしれませんが、何かを教えてもらったり、助けてもらったときには、「すみません」よりも「ありがとうございます」を使ってみる。これを意識することで、人との関係が良くなり、結果的に金運も上がってくるんじゃないかな。

Q 金運向上アイテムを身につけるのは金運アップにつながりますか？

モノにとらわれやすい私たちにとって、自分が欲しいものを手に入れることは、金運アップの一環になるかもしれません。

自分が欲しいモノを買ってみたり、身につけてみるというのは、験《げん》をかつぐという意味では金運アップになる。ただし、他人の評価に左右される必要はない。たとえば、「そんなん、あんたには似合わへんよ」と言われても、自分が欲しいと感じるものなら、手に入れてみる価値はあります。

私も昔、ある大富豪から言われたことがあります。

「ウィンドウショッピングはやめなさい」と。

めちゃめちゃ高級なモノや高価なアイテムを扱うお店って、正直ちょっと入りにくいじゃないですか。デパートに行っても、ウィンドウショッピングをするだけで、実際に買わないことが多い。

もちろんそのときは買えないし、買うつもりもないかもしれない。

それでも、「いいな」と思ったアイテムがあれば、実際に身につけてみたり、手に取ってみてはどうでしょうか。なぜかといったら、高いモノには高いなりの価値があって、そこには金運と呼ばれる何かがある。資産価値の勉強にもなります。

だから、たとえ買えなくても手に取ってみるのは金運アップにつながります。

お金持ちになる人と
お金持ちになれない人の違い

Q 「お金は必要なときに必要なタイミングでやってくる」とよく聞きますが、どういう生き方をしていればお金がやってきますか？

まず誰にでもできることは、**「お金がない」という言葉を今後使わないこと。**

世の中にはお金はたくさんあるんです。

お金はあるのに、お金を持たせてもらっていない人たちが「お金がない」と言っている人たちなんです。逆にお金を持っている人たち、持たせてもらえている人たちを「お金持ち」と言います。

お金持ちになりたかったら、お金を持たせてもらえるような生き方をすること。

お金を持たせてもらえるとは、つまり友達や仲間を持たせてもらえることと同じ。

人気のある人、人がついてくる人、人を大切にできる人になると、お金を持たせてもらえる人に変わるんじゃないかな。持たせてもらえる人って素敵ですよね。

「お金がない」と言ってしまうのは、「友達や仲間がいない」と言っているのと一緒。

「自分には仲間なんか要らない」と言っているのと同じなんです。

つまり、**「お金がない」という言葉は、「自分にはお金は要らないよ」「お金は寄ってくるな」と言っているのと一緒。だから、「お金がない、お金がない」と言っている人のもとにはお金が集まってこない。**

もう一度、言いますが、世の中にはお金はあります。ないんじゃないんです。

「お金がある」ということをまず認める。

自分は「お金を持たせていただいてないだけ」と。

でも、必ずお金は持たせていただけるようになります。

お金は必要なときに必要なだけ巡ってくるものです。考え方を少し変えるだけで、必要に応じてその人に必要な分だけちゃんと回ってくるようになる。

Q 「お金」と「人間関係」はあまり関係がないと思っていましたが、つながっているんですね。

めちゃめちゃつながってますよ。

お金とは人との付き合い方そのものです。

たまたま大金を手にしたとしても、人を大切にしない人からはお金はすぐに離れてしまいます。ケチってお金を貯めても、結局そのお金は手元から逃げていくものです。なぜなら、お金は一種のエネルギーであり、循環させなければいけないから。廻《まわ》らせなければいけない。

自分だけ得しよう、自分だけ儲《もう》けようとしても無理です。自分が得をするということは、逆に誰かが損をしているということ。つまり、損が循環する。そうなると、結局お金を持たせてもらえなくなります。

「**損して、得を取れ**」と昔の人は言っていますね。

これは別に「損をしろ」と言っているわけじゃない。

一時的に自分が損をしているように見えても、相手に利益を与えることで、その得が最終的に自分に返ってくるということです。

つまり、損をすることは実際には損ではなく、損をするから得が廻ってくる。自分が損をして相手を得させてあげているということ。そして、もらった「ありがとう」という言葉の対価がお金なんです。その「ありがとう」がいずれ対価としてお金になって返ってくる。

お金が欲しいのであれば、「ありがとう」という言葉を大切にし、自分からも積極的に使ってみることが大切じゃないかな。

貧乏神に取り憑かれないためにやるべきこと

Q 貧乏神が憑《つ》いている人ってどんな人ですか？

貧乏神が憑いている人は、貧乏神を粗末に扱っている人じゃないかな。

富の神さまだけを大切にして、貧乏神を無視したり軽んじたりしている人。

富の神さまも神さまだけど、貧乏神も神さま。

貧乏神を粗末にしていては、富は得られない。

たとえば、１円と１０００円のどっちが欲しいかと聞かれたら、多くの人は１０００円を選ぶ。でも、１円を粗末に扱う人が１０００円を手にしても、それを有効に活用できるかは疑問です。小さな価値を大切にできない人が大きな価値を手に入れても、それを真に活かすことができないかもしれません。

物を大切にできない、物を粗末に扱っていると、もっといい物も手に入らない。安いものを粗末に考えて、高いものだけを求めるのは、貧乏神を無視し、富の神さまだけを求めるようなものです。

長い人生において「下積み」が大切であるように、苦労や貧乏、不安があるからこそ、最終的に富を得ることができます。そういった経験を積んだ人が、本当の意味で幸せになり、健康を手に入れる。

たとえば、何かのきっかけで体調を崩した人が、それを機に健康の大切さに気づき、努力を重ねて健康な身体を手に入れる。

これが理想的な生き方なんじゃないかな。

Q 金運グッズを揃《そろ》えても、金運はやってこないですか？

金運グッズを買ってもいいんですよ、験《げん》かつぎでね。

買ってもいいけど、金運グッズに1万円使うのなら、その1万円を貧困で困っている人たちに寄付したり、プレゼントとして使ってみることです。

お金は本来、循環するものだから。

私たちがご供養を行う際の「廻向《えこう》」というのは、功徳《くどく》を巡らせることで他者にもその恩恵が届くように祈る行為です。

お経の最後に「私たちの先祖供養やお勤めの功徳が廻り廻って、みなさんのもとへ届きますように」と願うのは、この廻向の精神を表しています。つまり、自分たちだけでなく、世界中の人々にまで功徳が巡っていくことを願う。


お金の使い方だって同じじゃないかな。

たとえば1000円を「もったいない」と思って使っていると、もったいないエネルギーを乗せて動いていってしまう。

あるお金持ちの人によると、「お金はエネルギーを乗せて動く道具」だと言います。

「お金は生き物や」という方もいるし、「お金にどんなエネルギーを乗せて動かすかが大事」という方もいる。

「貧乏だから」とか「お金がないから」という気持ちでいると、お金にはそんな気持ちが乗っかって動いてしまう。それこそ、それを受け取った側もそんな気持ちになってしまう。それでは富も廻らないですよね。

人付き合いも同じ。友達が来て、気持ちよく帰ってもらえたら、その友達はまた違う友達を連れてきてくれます。

お金を気持ちよく使って、気持ちよく支払う。気持ちよく、「ごちそうさま」「いただきます」「ありがとう」と思えたら、そのお金は廻り廻っていく。

あなたの「ありがとう」のエネルギーを乗せたお金は巡り巡っていくわけです。それがお仲間を連れて自分のもとへ巡り巡って返ってくる。

１０００円を気持ちよく払って、３０００円が返ってくる。同じ１０００円のお金が逆にもっと違うご縁として、知識や知恵として自分に返ってくる場合もある。

だから、廻らせることが大事。

貧乏神を粗末にして、富の神さまだけを大切にしたって、お金は廻らないんです。

Q 「損して得を取る」という考え方と近いでしょうか？

そもそも、「損」という考え方はないから。

全部が全部、徳で廻っているんじゃないかな。

言葉のうえでの「損」はあるけど、本質的には損ではない。

むしろ、**陰と陽のバランス**の問題。陰のエネルギーを巡らせれば陰の形で返ってくるし、陽のエネルギーを巡らせれば陽の形で返ってきます。

大切なのは、陰と陽のバランスをうまくとって廻すこと。

仮に損だと感じることがあっても、それを得として巡らせる。陰のエネルギーでも、陽のエネルギーに変えて廻すイメージかな。

商売なんかも同じことが言える。

「儲ける」と「儲かる」って、まるで違う。

儲けようと思うと、お金だけを追いかけることになる。

儲けるの「儲」という漢字は、にんべんに「言う」と書いて、「者」って書くでしょ。目の前に千円札がいっぱいあったら、奪えるだけ奪おうとするのが「儲ける」。逆に、「儲かる」というのは、**「相手に儲けさす」**ということなんです。

つまり、お客さんに得していただけるから、それが廻り廻って自分が得をするという考え。それが本当の商売じゃないかな。

「儲けよう」というのは、ただ単に相手から奪う考え方なので、物を売りつけてお金だけもらえればいいと、富のほうだけを目指す行為です。

しかし、商売の基本は、お客さんに喜んでもらうこと。自分が損をしてでも、お客さんに得をしてもらうことで、そのお客さんが新たなお客さんを連れてきてくれるかもしれません。それが結果的に得になる。

だから、お金だけ、つまり富の神さまだけを大事にしていても商売はうまくいきません。貧乏神を横に置いて、損を恐れてばかりいては、長期的には成功しないんじゃないかな。

開運力のある「大人」のありかた

Q 「子ども」と「大人」の違いはどこにありますか？

大人の基準とは、実は**「子ども心を忘れていない人」**です。

大人になりすぎて、社会の期待にただ合わせている人は、自分が本当にやりたいことを追求していないことが多い。そういう人は、周りにどう見られるかを気にしすぎたり、無駄なプライドを抱えてしまっていることがあります。

プライドの塊になっている人は、子どもっぽく映ります。「ごめんなさい」が言えないとか、「ありがとう」が言えないとか、「私が悪かった」と頭を下げられない人は、精神年齢が低いと言える。

言い訳ばかりする人も同じ。反対に、子ども心を忘れない人というのは、素直に人の話を聞ける人。自分の意思に従ってやりたいことを行動に起こせる人。

子どものように自分の夢を追いかけたり、自分の夢をかなえようと一生懸命勉強する人のほうが、よっぽど大人っぽいと言えるんじゃないかな。

子どもを指して「ガキ」と呼ぶ言葉があります。

これは仏教の輪廻《りんね》である餓鬼《がき》・畜生《ちくしょう》・修羅《しゅら》の中の餓鬼道のことです。餓鬼とは、貪《むさぼ》りとか、妬《ねた》みとか、恨みなどを抱く、地獄に落ちている亡者のことを指します。妬んだり、人の成功を素直に喜べなかったり、人に与えることを知らない人のことです。

妬みをもって亡くなった人たちが餓鬼道に落ちる。

妬む、恨む、羨《うらや》む。

変に「大人になろう」とか、大人っぽく身を繕《つくろ》う、「大人たるものはこんなものだ」という固定観念、先入観を持って自分を縛り、ただプライドだけが成長する。

そのままでは人の言うことを聞けない人になってしまいます。

人の意見を聞かないと、餓鬼、亡者の餓鬼になってしまう。

親が子どもに対して「こうしなさい、ああしなさい」と固定観念を押しつけ、自由にさせないケースが多いですが、幼少期は子どものやりたいことを親が応援することが本当に大切なんじゃないかな。

個性とはその子自身の特性であり、それを育ててくれるのは「世間」です。親ではありません。親の役割は、その子がやりたいことを見つけ、それを一緒に探してあげること、そして応援してあげること。

大人になっても子ども心を持ち続け、自分がやりたいことを行動に移せるような大人こそ、開運力を備えた真の大人だと言えるのではないでしょうか。

悪霊に憑かれる人の特徴とそのタイミング

Q 「悪霊」という存在は本当にいるのでしょうか？

「霊が憑いたかもしれない」とか、「憑いていると言われた」などと、お寺に相談にみえる方もたくさんいらっしゃいます。

世の中を見渡すと、ひどい事件が多いものです。

それらは目に見えない災いや崇《たた》りの現象じゃないかな。

みなさんが俗に呼ぶ幽霊というのは、迷って亡くなった人、未練を持って亡くなった人のことです。やるせない気持ちで亡くなった人が幽霊となる。

一方で、人生に満足し、心残りなく生きた人々は、きちんと成仏します。ところが、やり場のない感情や、マイナスの思いを抱えたまま亡くなった人々は、その心の重みから解放されず、この世に留まってしまう。

それが成仏できず、さまよっている霊なのです。

霊が憑いてくる人というのは、ネガティブな感情を持っている人です。

たとえ表面上は元気そうに見えても、自分の本心を抑え込んでいたり、心の中にマイナスの感情を抱えていると、そうしたネガティブなエネルギーがまるで磁石のように、迷った霊やマイナスのエネルギーを引き寄せてしまいます。

幽霊という言葉を使わずに、「マイナスのエネルギーがくっついてくる」と考えるほうがわかりやすいかもしれません。

マイナスの心を持っている人には、まるで磁石のようにマイナスのものが寄ってきます。「類は友を呼ぶ」というように、霊も同じく、マイナスの感情を持った人のもとに集まってきます。

もし、マイナスの感情とマイナスの感情が合体してしまうと……悪霊になっちゃう。

映画『リング』の貞子や、昔の四谷怪談のお岩さんのような、幽霊の象徴としてよく描かれる存在がこれです。

悪霊がどこに憑くのかというと、それは人間のマイナスの感情。感情面や心の中に根づいてしまう。恨みつらみを持ち続けていると悪霊が憑いちゃう。

それだけだったらまだいい。悪霊そのものみたいになっちゃう人もいる。

さらに、悪霊と悪霊が重なると何になると思いますか。

悪魔になると思ってください。「悪魔」とは西洋でよく聞く言葉ですけども、最近は日本にも悪魔がいっぱいいる。魔が隙《すき》を伺っている。

悪魔というのは、魂と心を奪っていきます。魂と心を奪われるとどうなるか。

自分ではまるで考えていないようなこと、やろうとも思っていないことをやってしまったときに、「魔が差す」と言います。

魔が差すとどうなるかといえば、魔に心と魂を奪われる。

つまり、人でなくなってしまう。自分を奪われちゃうわけだから。

だから、**「人でなし」**というんですね。

「誰でもいいから人を殺してみたくなった」
「自分の産んだ子どもをほっといて餓死させせちゃった」

こういった人でなしの事件や事故が多いのは、心を奪われてしまっているから。魔が差して、魔の思うつぼにはまっているんです。

心に隙《すき》ができると、悪い霊が憑いて、不思議な現象が実際に起こることがあります。ネガティブな感情や精神状態が原因で、病気になってしまう人もいます。「病は気から」という言葉の通り、ネガティブなエネルギーが溜まることで、心身に悪影響を及ぼすことがある。

さらに、悪霊によって精神が不安定になり、周囲に迷惑をかける人も少なくありません。自殺願望を抱えて周囲を困らせる人や、実際に命を絶って周囲に悲しみをもたらす人も。

このような状況は、魔に心を奪われ、人間らしさを失ってしまった結果と言えるんじゃないでしょうか。結果として、人間では考えられないような事件が増えているのも、こうした心の状態が原因となっているように思います。

Q そういう人たちとはどう接したらいいのですか？

最近では、不思議な霊的体験よりも、目に見える悪霊や悪魔の存在が増えているように感じます。そのため、**私たちが今やるべきことは、魔に心を奪われないようにすること**。

魔が差さないような生き方に変える時期がきたんじゃないかな。

これまでは、幽霊や悪霊といった目に見えない存在に対処するのは、特別な力を持つ霊能者や祈祷師《きとうし》の役割だったけど、現実には、私たちの身近なところで、友人や周りの人々の中に、まるで悪霊や悪魔のようになってしまった人たちがたくさんいる。

そんな人たちこそ、私たちが救えるのではないでしょうか。彼らを守り、応援し、夢や希望を一緒に考えることで、人と人とのつながりが深まり、そういった問題が解消されていくと思います。

悪霊祓《ばら》いを求める人が私のところにも訪れます。

もちろん、悪霊を取ってあげることはできます。ご供養してあげればいい。私たちはずっと修行してきた身なので、ご祈祷やご供養の方法や、どうやったら成仏できるか、知っています。憑いている存在があれば、供養をして、成仏させることができます。

しかし、たとえ私が悪霊を取り除いたとしても、もし心の中にマイナスの感情が残ったままで、自分自身が変わらなければ、そのへんの交差点でまた別のものを憑けて帰りますよ。

だから、一番大事なのは除霊や浄霊よりも、自分自身の生き方を見つめ直すことじゃないかな。もし何かに取り憑かれていると感じたら、一度、自分の心のあり方としっかり向き合ってみる。

それが最強の魔除《まよ》けになります。

なるべく近づかないほうがいい「運気が悪い場所」の特徴

Q　運気が悪い場所、あまり行かないほうがいい場所はありますか？

何を信じるかによると思います。

九星気学を信じる人もいれば、方位学や四柱推命《しちゅうすいめい》を信じる人もいます。

それぞれの信念に基づいて選べばいいのです。

たとえば私どものお寺に来て、「密教ではこの方位は良くないから、その方位には行かないほうがいい」と聞いたら、たぶんそれがあなたとのご縁。その方位を避けようと考えるのも一つの選択です。四柱推命で「この方角は良くない」と言われたら、それに従うのもよし。

人にはバイオリズムがあって、ひと月の中に「暗黒の1週間」みたいなリズムがある。運気が低下する時期や、逆に運が上がるリズムがあります。これはひと月や1日、さらには1年単位でも同じです。たとえば、厄年などもその一例です。こうした時期や方位について「ここには行かないほうがいい」と考えるのも、一つの知恵です。

信じるものがあるならば、それを信じればいい。

ただ、あれこれ気にしすぎて、いろんなところで意見を聞きすぎると、結局どこにも行けなくなってしまうこともあります。

何を信じるかはみなさんがそれぞれ選べばいいんです。

でも、その縁のあったところがすべてとは思わないでください。

すべてではなく、それは一つのきっかけにすぎません。

Q いろいろ考えすぎてしまうと、結局どこへも行けなくなります……。

マイナスの情報を受け取れば受け取るほど、動けなくなってしまいますよね。

たとえば方位学や気学では、「こっちの方向に進みなさい」とか、「次はこっちだ」と言われることがありますが、そればかり守っていたら、日常生活が成り立たなくなります。

たとえば、家を建てる際に「この方角が吉で、こっちは凶だから」と言われても、その吉方が海の上だったら、そもそも家を建てられません。家を建てたものの「この部屋が吉、あの部屋は凶だから」といって、夫婦で家庭内別居状態になってしまった例もあります。信じすぎるがゆえに、トラブルが起こった家もたくさんあります。

だから、**ほどほどにしておくことも大事**。

地下やトンネルの中は気が滞る場所だと言われますが、それを「悪い」と感じるのではなく、そういう場所もあるんだと気づけばいいのです。

もし、その場所に行くのが気が進まないなら、無理して行かなくてもいいでしょう。反対に、自分がポジティブな気持ちでいられるなら、「光を差して通っていくぞ！」くらいの気持ちで乗り越えてもいいんじゃないかな。

Q 「運気の悪い場所には絶対行かない」と考えることはあまりよくないですか？

「絶対行かないほうがいい」なんて考えないほうがいい。それもこれもご縁です。

「どうしてそんな場所に家を建てたの？」と聞かれるような場所に家を建てる人もいるでしょう。たとえば、事故物件で、そこで人が亡くなったり、殺人が起きたりした場所にあえて住む人もいます。

なぜそうするのかというと、その人には何か学ばなければならないポイントがあるのかもしれません。実際にそういう場所に住んでみて、「この場所は自分には合わないな」「こういうところは苦手だな」と感じることも大切です。人にはそれぞれ合う場所と合わない場所があるものですからね。

たとえ自分には合っていても、別の人には合わない場所もあるでしょう。そういう意味では、どこが良いか悪いかなんて、比べようがないんじゃないかな。

見えない世界に振り回されるのが、一番ネガティブなこと。

見えない世界よりも、見える世界を大事にしてもらいたい。

暗闇《くらやみ》に行くなら、懐中電灯や明るいLEDライトを持っていけばいい。

「あなたには霊が憑いています」と言うだけの人の話は聞かなくていい。「憑いているからお祓いしましょう」と言ってくれる人の話だけ聞くようにしましょう。

「あなたの運気は今は悪いから駄目だよ」とだけ言う人の話も信じなくていいです。運気が悪い時期だからこそ、「こうすれば回避できるよ」とまで教えてくれる人の言葉を信じるべきです。

運気の悪い場所だとか、行っちゃ駄目だと言われるより、「こうすれば大丈夫だよ」と言ってくれるほうが安心できるでしょう。

これは、お医者さんと同じです。お医者さんは病気を治すための知識があるからこそ、「あなたは病気です」と言えるのです。医者でもない人に「あなたは病気です」

と言われても、信じられないでしょう。

だから、「マイナスの方向や場所には行っちゃ駄目だよ」と言うだけでなく、「こういうことをすれば、行っても大丈夫だよ。気をつけてね」とアドバイスしてくれる人や考えに従って行動してみてはどうでしょう。

第3章

「あの世」のお力を借りてみる

ご先祖さまに守られる生き方

Q この世に「霊」は存在しますか?

日本でも世界各国でも、古来より霊という言葉は使われてきました。霊という漢字にはシンプルな「霊」という表記と、旧字体の「靈」という書き方があります。

旧字体の「靈」とは、雨という漢字に口が三つ、巫女《みこ》さんの巫という漢字でできています。これは神霊や先祖代々の霊など、敬うべき霊に対して使われます。一方、私たちが普段使う「霊」という漢字は、幽霊や動物霊、不成仏霊などの霊に使われます。

霊というと、一般的には幽霊みたいなものをイメージします。「霊験あらたかな」とか、富士山のことを「霊峰富士」とか言いますけど、そういった場合は、本来ですと、難しいほうの字を使ってきたんです。

護摩《ごま》を勤めるのは、神仏を降霊するための一つの儀式です。護摩壇に神さまや仏さまを招き入れて供養していく降霊術です。

一方で誰でもできる降霊術もあります。昔のこっくりさんとか、キューピットさんとか。ああいったのは低級な霊を呼ぶ降霊術で、漢字の使い分けもしていたんです。

近代になって難しいほうの漢字が使われなくなったのは、漢字自体のイメージによります。旧字体の「靈」は巫女さんが雨乞《あまご》いをする様子を表しており、雨が降らない場合には巫女さんが生贄《いけにえ》になるという時代もあったようです。だから、どうしてもネガティブなイメージがあって、日本では「靈」という言葉自体がちょっとマイナスなイメージを持ってしまっている。

日本人的には幽霊のイメージにとらわれがちですけども、本来、霊というのはもっと高尚な存在。つまり、神霊や先祖霊などのように、もっとレベルの高い霊に対して使われているのです。

Q 霊を視《み》ることはできますか？

日本語って、漢字があるからすごく便利なんです。

「感じる」というのは、一般的には感覚を指します。

五体で感じることであり、私たちが普段使っている言葉です。

一方、**「観じる」**という表記もあります。観音菩薩《かんのんぼさつ》の「観」。密教の儀式の中でも、手で印を結び、口で真言を唱え、心に仏を念じることを指して「観想」「観念」と言います。

私たちは誰もが固定観念や先入観、価値観を持っていますが、こういった固定観念を「観じる」ことができます。霊を「観る」とか霊を「観じる」という場合は、感覚の「感」よりも観念の「観」を使ったほうがわかりやすいかもしれません。

身体で観じるレベルよりも、心で観る、心で観じる。心で観るの「観」も、目で見るほうの「見る」ではなく、心で観る「観」です。

霊感が強い人は幽霊が見える人だと思われがちです。しかし、もし霊感が強いのなら、もっといい人に出会ったり、いいチャンスやご縁をもらえたり、神仏やご先祖さまに守られて、ちゃんと生きられるはずです。悪い人や悪い縁にばかり出会い、守られている気がしない、孤独を感じている……という人が霊感が強いというのはおかしいのではないでしょうか。

高級霊は、心が強く穏やかで、心で観じるような訓練ができている人や、直感に対して行動できる人に宿るものです。

「観る」というのは、感じることと同じです。高い次元の存在や神仏とつながりたいのであれば、自分自身をその方向に向かわせる必要があります。その真逆で、心がマイナスになっていると、悪い出会いとか悪いものしか見えないようになってしまいます。

Q 恥ずかしながら、大人になっても「幽霊」が怖いです……。

俗に言う幽霊とは、成仏されていない、この世に未練を残した魂のこと。もし悟りを開いた、もしくは成仏されているなら、この世に留まる必要はありません。何か想《おも》いがあるからこの世に残っているわけだし、何か未練があるから、あの世に行けないんです。そんな霊の波長に自分を合わせるのはあまりいいことじゃない。

逆に自分がもっと高い位置にあって、自分自身の心がプラスであるならば、自分のポジティブなエネルギーが未成仏なものをちゃんと成仏させてあげられる力になります。だから、恐れる必要はありません。

自分がポジティブで感謝の気持ちを持って生きていれば、どんなに波動の悪い場所に行っても、その場を明るくすることができます。今を一生懸命頑張って生きている人は、やっぱりエネルギーも高め。マイナスなものと出くわしたとしてもリセットできるし、浄化する力を持っています。

Q ご先祖さまに守られる生き方とは、どんな生き方ですか？

ご先祖さまがいてくれたからこそ、今の自分があるんです。ご先祖さまは見えない存在かもしれませんが、実際には見える存在でもあります。なぜなら、今の自分が存在するのはご先祖さまのおかげだからです。**「ありがとう」と言えるのも、生きていることをありがたく感じるのも、ご先祖さまのおかげです。**

もちろん、今のあなたがいるのは父親と母親がいてくれたからでしょう。お父さんとお母さんがいてくれたのは、おじいちゃん、おばあちゃんがいたからでしょう。

感謝の気持ちを持って生きることができれば、ご先祖さまの中で迷っている霊も成仏してくれるでしょう。今の自分の感謝の気持ちがご先祖さまを成仏させる力になる。

しかし、ご先祖さまに叱《しか》られるような生き方をしていれば、縁も薄れ、悪い方向に進んでしまう。今の生き方がご先祖さまに怒られるようなものか、褒めてもらえるようなものか、自分自身で判断できるのではないでしょうか。

間違いだらけの先祖供養

Q 先祖供養していないと、どうなりますか？

先祖供養をしていない人には特徴があります。

それは**「対人関係」がうまくいかない**という点です。

人とつながるのが苦手だったり、人にかわいがられたり、逆に人をかわいがったりすることがうまくできない人が多い。親子関係が悪かったり、仕事上の対人関係がうまくいかない人もいます。私が相談を受ける人の中には、そういった特徴を持つ人が多い印象です。

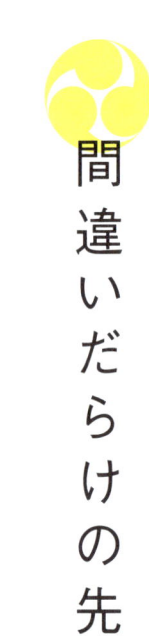

ただし、「先祖供養をしていないから自分がこうなった」というのは間違い。

よくメディアなどで「先祖供養をしていないからこうなるんだ」と脅かす人もいますが、**私の考えでは、先祖供養をしていないからそうなるのではなく、自分を大事にしていないからそうなるんです。**

ご先祖さまは、誰にでもいるものです。

一代さかのぼるとお父さんとお母さんがいて、二代前にはおじいちゃんとおばあちゃんがいます。父方のおじいちゃん、おばあちゃん、母方のおじいちゃん、おばあちゃんを合わせると、すでに6人になります。そこに兄弟がいれば、もう10人を超えていきます。さらに、おじいちゃんのおじいちゃん、おばあちゃんのおじいちゃん、おばあちゃんのお父さん、お母さん……とさかのぼっていくと、十代前にはもう1000人を超えていきます。

その中の一人でも欠けていたら、あなたはこの世に存在していません。

「有るに難しい」という言葉を書いて「ありがとう」。

これは存在することがどれほど難しいかを意味します。今、自分がここにいるのは奇跡であり、ご先祖さまたちが脈々と受け継いできた努力や喜び、失敗や成功の積み重ねがあります。

ご先祖さまたちの経験や知識が、DNAを通じて受け継がれ、その集大成が今のあなたです。今のあなたは、新型であり、最新型なんです。

そして、私たちからまた新しい子どもや孫が生まれていきます。それは、さらに新しい最新型がどんどん誕生していることを意味します。このように考えると、今の自分はご先祖さまから受け継がれてきた一番新しいモデル。

ご先祖さまたちの集大成として、いろいろな知識や知恵が体内に受け継がれているとすれば、**今の自分を大事にすることがご先祖さまへの本当の供養**になると思いませんか。今の自分を大事にできない人は、ご先祖さまのことも粗末にしてしまうんじゃないかな。

Q 「自分を大事にすることが先祖供養」とは、どういう意味ですか？

自分よりも子どもに幸せになってほしいと思うのは、親として当然の気持ち。自分が苦労したけど、子どもにはもっと良くなってほしいとか、自分は身体が弱いけど、子どもには健康であってほしいと、誰しも願うものです。

ご先祖さまから受け継がれてきた遺伝子やＤＮＡは、今の私たちにすべて備わっています。先祖が失敗したことを子孫に繰り返してほしくないという気持ちは、私たちが子どもに同じ失敗をさせたくないと思う気持ちと同じ。

そういったものが脈々と受け継がれてきた結果が今のあなたです。だからこそ、子孫には自分よりももっと良くなってほしいと願うのが人間の本性なんです。

だから、**今の自分を大切にできる人こそ、先祖供養ができている人**なんです。

自分を大事にしている人は、お墓参りも自然にやっています。自分を大事にできる人は、子孫や周りの人も大切にします。なぜなら、自分を大切にできているから。

自分を大事にしている人は、もっと知識を得よう、自分を幸せにしようと努力しますね。勉強を一生懸命し、人から知識を学び、自分より優れた人や尊敬できる人に教えを請うこともできるでしょう。

そういう人は、自然と手を合わせて感謝の気持ちを持つことができるんです。人に対しても「ありがとう」や「感謝します」と言える。食べ物に対しても「いただきます」「ごちそうさま」と心から感謝の気持ちを持てる。

自分を大切にできる人こそが本当の意味で先祖供養ができている人なのですから、自分を大事にせずに人を大事にできていない人が、霊能者に「お墓参りに行っておいで」と言われて行っても、運勢が良くなるはずがありません。

お墓参りをしたから良くなる。神社にお参りしたから良くなる。

そうではありません。

本当の先祖供養は自分自身を大切にして縁のある人を大切にすること。

これに尽きます。

亡くなった人が夢に出てくる理由

Q 亡くなった親族などが夢に出てくるのは何か意味があるのでしょうか？

これは、よく尋ねられる質問です。

亡くなった人の波長やエネルギーは、親族であればとくにつながりは深い。親子や家族のつながり、他人とのご縁というつながり……いろいろな縁が重なって、今のあなたが存在しています。

故人のことを思いやって、7日ごとに供養するのを**追善供養**と言います。初七日から始まり供養を続けることで、故人との縁が切れるのではなく、故人との魂のつながりに気づくことができます。虫の知らせではないですが、思い残したことや、伝えたい「ありがとう」の思いを感じたり、夢の中でそんな会話が再現されたりするときはあります。

「何かしてあげられなかったことがある……」と思ったら、その答えが夢の中で返ってくることも。「もっといろいろしてあげれば良かったな」と思うと、「いや、私は満足しているよ」と夢の中で伝えてくれることもあります。

「供養」という漢字は、「供える」と「養う」を組み合わせたものです。**供養は亡くなった人だけのためではなく、自分自身も同時に供養される相互供養の儀式なんです。お互いに足りなかった部分を補っているのです。**

霊能者さんは亡くなった人が夢に出てくる理由について「亡くなった方のお知らせですよ」とか、「メッセージです」と言います。そういう捉え方もありますが、残された家族、私たち自身が変わっていかなきゃいけない、足りないところを補っていかなきゃいけないというメッセージでもあるんじゃないかと思います。

故人はちゃんと私たちを応援してくれているんです。私たちがちゃんと成仏できるように故人を供養するのと同じように、故人も私たちが幸せに生きられるように供養してくれているのです。

Q 墓参りや先祖供養をしないとバチが当たりますか？

親やご先祖さまに依存する生き方は、親やご先祖さまのせいにして生きているともいえるんじゃないでしょうか。

「先祖を供養しないとバチが当たる」

「先祖をちゃんと祀らなければ悪いことが起こる」

こうした理由で墓参りをしているのなら、それはやめたほうがいい。そんな思いで供養していると、かえってご先祖さまが苦しむことになります。

「先祖に対して、ちゃんとしてなければいけない」というのも一種の固定観念です。

逆に、自分の時間、自分の人生、自分のやるべきことをきちんとやっている、夢や目標に向かって頑張っている人は、心の中で「ご先祖さま、ありがとう。おかげさまです」と感謝の気持ちを持っています。これこそが本当の供養なんじゃないかな。

「墓に行かなきゃいけない」「お供え物をしなきゃいけない」「朝ご飯を仏壇に供えないとバチが当たるかもしれない」などと考えるのが悪いとは言いません。でも、それだけではご先祖さまのせいにしているだけです。「ご先祖さまを拝んでさえいれば、幸せに生きられる」と思い込んでいるだけ。

自分の目標を持って頑張っている人、そして自分の人生を楽しんで生きている人は、常に感謝の気持ちを持っている人だと思います。周りの人々や状況に対して「おかげさま」と感謝できる人です。


「みんなのおかげで今の私がいる」

「みんなのおかげで商売が成り立っている」

「家族のおかげで今の自分の幸せがある」

「あなたがいてくれるから、私はおかげさまで元気に過ごせている」

こんなふうに常日頃、感謝ができている。

一方、毎日仏壇を拝み、墓参りを欠かさない人に限って、何か問題が起きたときにご先祖のせいにすることがあります。「ちゃんと墓参りしてるのに」「先祖供養してるのに」「仏壇で毎日手を合わせてるのに、なんでやねん」って言葉が出てくる。

そんな人は、自分自身ではなく他者に依存して生きているため、何か問題が起きたときに他者や環境のせいにしがちです。

すると、自分というものがだんだん薄っぺらくなってしまう。

「目に見えないものに守られているからこそ、今の自分をしっかり生きていこう」という考え方に切り替えてみることが大切です。そうすることで、「おかげさま」という気持ちが自然と生まれてくるんじゃないかな。

あなたを守ってくれる「守護霊」とのつきあい方

Q 私にも守護霊はいますか？

この世の中に、守護霊がいない人はいません。

先祖を大切にし、敬い、お父さんやお母さん、自分の子どもや友達を大事にしている方は、基本的に守護霊に守られています。

その中でもさらに運がいい人は、良いご縁を得たり、良い仕事に恵まれたりします。

そうした人たちは高い徳を備え、強く守護されています。彼らは人を大切にし、先祖を敬い、神仏にお祈りすることがしっかりできています。

そういう人たちはやはり運が強い。

反対に、運が弱いとか、縁が薄い人は、守る力が弱く、マイナスの力を弾《はじ》き飛ばすエネルギーが少ない。もし自分の運の強さを変える方法があるとしたら、それは**「祈ること」**じゃないかな。

たとえば、住んでいる土地や家の神様に対して「ご縁をいただいて、ありがとうございます」と感謝すること。職場でも「この職場にご縁があって、ありがとうございます。ここが今の私の学びの場です」と感謝することが大切。そうした日々の「ありがとう」が言える人は、間違いなく守護してくれるエネルギーも強くなる。

Q 霊に守られない人は、どんな人ですか？

「ジコチュー（自己中心的）」を守護霊は一番嫌います。

たとえば、あなたが食堂を経営していたとします。お客さんがカレーライスを注文しました。そこで「うちはカツ丼がおいしいから、カツ丼を食べなよ」と言ってしまうのは、自己中心的な押しつけです。

カレーライスを食べに来たお客さんには、まずカレーライスを提供し、その後に「実はカツ丼もおいしいんですよ」と話すことで、次回来たときにカツ丼も注文してもらえるかもしれません。

ところが、一方的に自分の考えを押しつけてしまうのが私たち人間です。

しかし、人のことを考えて行動するようになると、相手もこちらを助けてくれるようになります。つまり、**人から助けられたり、守られたり、応援される人は、利他的な行動によって自分が守られているのです。これこそが守護霊の働きです。**

守護してくれる存在がいないということは、自分が人を大切にしていないからかもしれません。人に頼ることもなく、頼られることもない関係になってしまっているのです。頼む・頼まれる関係もそうです。「人に言う」「頼る・頼む」と書いて「信頼関係」。

まずは、目に見える縁のある人たちを大切にすること。

それによって守護してくれるエネルギーも強まっていきます。

人から応援してもらえるような自分になるためには、人の気持ちを理解できる人間になることが大切です。自分本位ではなく、人の気持ちをまず理解し、共感すること。そうすれば、あなたは応援してもらえる人に変わるでしょう。

応援してもらえる人になると、自分のことも応援できるようになるし、守ってくれる存在が増えます。それこそがご先祖さまや守護霊と呼ばれる存在です。いいご縁をつくることで、守護霊もさらにいいご縁を与えてくれるのです。

これは日常の人間関係と同じで、持ちつ持たれつの関係です。

まずは、両親や友人を大切にすることから始めましょう。

それができない人は、守護霊に守られていても気づかないもの。**だから、守護霊に守ってもらいたいなら、まず目に見える人たちを大切にすることが大切。そうすることで、守られていることを実感できるようになりますよ。**

亡くなった人とのつきあい方

Q 最愛の人を亡くして、悲しみに打ちひしがれています……。

亡くなった方に最初に行うのは**「枕経《まくらぎょう》」**です。

枕経とは、亡くなった直後にお唱えするお経で、亡くなった方に「あなたはもう亡くなったんですよ、この世での生を終えたんですよ」ということを知らせるものです。死を認識してもらい、これから仏さまの浄土に行くために、守るべきことを伝えるお経です。

この流れは、葬儀まで続きます。まず枕経を行い、その後お通夜で夜を徹して亡骸《なきがら》を守る。そして葬儀、告別式、火葬式、納骨式というふうに続いていきます。

最近では、このプロセスが省略され、枕経を上げなかったり、お通夜を行わずに直接お葬式に進んだりすることがあります。

葬儀とは、亡くなった人との対面の時間です。「引導を渡す」という言葉があるように、引導とは「引く」と「導く」の意味です。あの世や魂の世界に行くためには、こういう心がけや誓い、約束を守っていくんだよ、あなたは仏さまの弟子になるんだよと戒律を授ける儀式です。それが葬儀という儀式の本来の意味なんです。

しかし、現在では葬儀と告別式が合体して「葬儀告別式」という呼び方に変わってしまい、それを一つの「葬式」と勘違いされる方が多い。結婚式でも同じです。結婚式と披露宴が本来別々のものであるのに、それが合体して「結婚式披露宴」として一つのイベントのように捉えられてしまっています。

本来、葬儀の時間と告別式の時間は非常に大切なものです。それぞれに意味があり、その時間をしっかりと持つことが重要です。

私自身は葬式を執り行うことはそう多くありませんが、頼まれて葬儀を行う際には、葬儀が終わってから、こうお話しします。

「死というのは別れではないんだよ」と。

生きている人同士なら、夫婦の離婚は紙一枚でできてしまいますし、中には親子の縁を切ることもあります。生きている私たちの世界では、別れることがある意味簡単にできてしまいます。

ところが、亡くなるということは、生きている家族にとってはむしろ**二度と別れられないご縁**だと言えます。生きているときには紙切れで別れることができるけれど、亡くなるともう別れることはできません。面白いですね。あの世には書類を提出する役所もありませんから、永遠に別れられなくなったと思ってください。

逆に言えば、**もっと絆《きずな》が深まった**ということ。

そういう意味で、**亡くなった方と生きている私たちは、今まで以上に深い絆で結ばれている。**だから、「私たちは亡くなった方とこれからも共に生きていくのだ」という話を必ずさせていただくんです。

Q 亡くなった人が喜ぶことをしてあげたい。何をすればいいですか？

葬儀が終わった後の初七日、二七日、三七日という言葉を聞いたことがあるでしょう。その中で一番大切なのは、七日ごとに多くの人が集まることです。集まるのは縁の遠い人たちではなく、家族や知人、友人、親友といった縁の深い人たちです。七日ごとに集まって、故人の思い出話をします。

「あいつはこんなものが食べたいって言ってたよ」「いや、俺にはあれが食べたいって言ってたな」といった具合に、故人がどんなことを言っていたか、どんなことを望んでいたかを話し合います。そして「じゃあ、あいつのためにこれを食べに行こう」「あいつのためにここに行ってみよう」と実際に行動に移します。

心と心、気持ちと気持ちが通じ合っている人たちがそれをすることで、亡くなった故人にもその気持ちが伝わります。これが追善供養です。

追善とは「善を追う」と書きます。亡くなった人は身体を失っているので、おなかがすいても食べることができません。でも、おなかがすいたという感覚や気持ちは残っているかもしれません。ところが、あの世にはスーパーもコンビニもない。

だからこそ、私たち縁のあった人たちがその不足を補ってあげることが大切なんです。

「今日もおいしいものを食べたよ。お父さん、お母さん」
「お母さんやお父さんが行きたかった場所に行ってきたよ」
「おじいちゃんが行きたいと言っていた場所に家族みんなで行ってきたよ」

こんなふうに、生きている私たちが故人のために実践し行動することが、追善供養の意味です。縁の深かった人たちが故人の思いを引き継ぎ、実現する。

また、**ご縁を結んだ人たちが、亡くなった故人に対して安心してもらえるような生き方をすることが本当の供養です。**自分がやりたかったことを子孫が受け継いでくれたり、自分が苦しかったことを子孫が逆に楽しんで生きてくれたりすることで、亡くなった先祖も安心して休むことができるのではないでしょうか。

第4章

神さま仏さまに守られる人になる

日本人なら知っておくべきお寺や神社とのつきあい方

Q　神社巡りやお寺巡りが好きな方は多いですが、そもそも神社とお寺ってどういった違いがあるんですか？

神仏習合思想という考えがありますが、もともと日本は神さまを大切にしてきた国です。平安時代や奈良時代には、天皇が上皇になるときに出家してお寺を建立し、そこで隠居されました。この時代、日本の国民的な宗教は仏教だと言われていましたが、本来は神さまの国だったのです。

その中で仏教も取り込まれていきました。たとえば京都では、真言宗《しんごんしゅう》が国家のためにお祈りをする「宮中御修法《みしゅほう》」という儀式があります。

日本人の信仰は仏教と神道のどちらかと問われれば、どちらもありだと思います。

ただ、拝み方には違いがあります。神社では二礼二拍一礼、仏壇では鐘を鳴らして手を合わせ、手を叩かずにお祈りする。

日本人の心としては、神さまも仏さまも同じような気持ちでお参りしているのではないでしょうか。密教では神仏を習合して考える思想があり、曼荼羅《まんだら》の中には仏や神が一緒に存在しています。土地の神、水の神、火の神も仏の世界として取り込まれており、密教ではこれを「天部」として祀《まつ》ります。たとえば毘沙門天《びしゃもんてん》や日天、月天、水天などの「天」がいます。

神社とお寺では作法は違いますが、祈りの気持ちとしては神さまも仏さまも同じです。表現方法の違いに過ぎないんです。

Q お寺や神社を見かけると、立ち寄って何をご挨拶《あいさつ》したらいいのかわからないまま、「いつもありがとうございます」などと拝んでいますが、正解はありますか？

人付き合いと同じで、どうやってお参りするかよりも、挨拶のようなものです。挨拶から始まって、「こんにちは、今日はいい天気ですね」と言うだけでもいい。二回目に会えば「ああ、お久しぶりです」となり、三回目、四回目と会うたびに付き合いが深まる。

日頃の人間関係でも、私たちは他人から知人に、知人から友達、親友になり、さらにご縁があれば深い付き合いが始まります。それが仕事の付き合いになったり、恋愛関係に発展したり、結婚につながって家族になったりすることもあります。

神さまも同じこと。日頃から神さまや仏さま、ご先祖さまを放っておいて、何かあったときだけ「どうかお願いします」と言っても、神さまも「あなた、誰？」と感じ

るでしょう。人付き合いも同じで、日頃から関係を築いていれば、「じゃあ、なんとかしたろか」とお願いごとにも応《こた》えてくれるようになるものです。

「神さま、今日もこんにちは」と、目の前を通り過ぎるときに挨拶するだけでもいいんです。「今日も元気に過ごせています、ありがとうございます」と感謝の気持ちを込めて祈ることが大切です。**手を叩いて頭を下げるだけの形式的なお祈りよりも、気持ちがあれば頭を下げるだけでも十分です。**

Q 入ってはいけない神社はありますか？

スピリチュアルや霊能の世界でよく聞く話ですね。

でも、そんなこと関係なしに、自分が気になる場所や気になるところは、縁がある場所なんじゃないかな。

誰かの情報をそのまま受け取るよりも、自分がパッと目についた場所に何かしらのご縁があると感じたら、神さまに導かれたのだと思って、頭を下げて手を合わせればいい。**それがきっかけで新しいご縁が生まれることもあります。**

神社や神さまとして祀られている場所には良し悪しはないのではないでしょうか。

Q 「日本人は無宗教」と言われるのに、なぜ寺や神社がたくさんあるのですか？

日本の場合、宗教というよりも、道徳や哲学に近いものかもしれません。生きる術《すべ》を説いている教えが宗教という形になっているわけです。

海外では「あなたはどの宗教を信仰していますか？」と当たり前に聞かれますよね。**たしかに日本の人々は無宗教だと言われますが、実際にはどこの国よりも信心深いのではないでしょうか。**

日本人の宗教に対する考え方は他の国と少し違う気がします。

私たちの先輩方やご先祖さまたちは、さまざまな場所に神さまの存在を感じていました。台所には火の神さま、土地には土地の神さま、山の神さま、海の神さま、そしてトイレの神さまなど、ありとあらゆるところに神さまがいて、それを信心していたのです。

そんな神さまにバチが当たらないように生きることが大切だと語り継がれてきました。これが本当の日本の信仰なんじゃないかな。

仏壇でやってはいけないこと

Q　仏壇の前で、やってはいけないことはありますか？

仏壇のお供えものを放置して腐らせたり、カビを生えさせたりする人がいます。
たとえばお盆のときにお供えする砂糖菓子をずっと置いていたら、そりゃカビだって生えます。ミカンとかナシとかリンゴといった果物も、表面はきれいにしていても、傷がついていている部分が腐っていたりする。

お供えものを腐らせたり、花を枯らしたりするのはやっちゃいけないこと。
気にかけていないからカビを生やしたり、腐らせたりしちゃうわけ。

気にかけてもらえるほうがいいじゃないですか、故人としては。

たとえば彼女から気にかけてもらえない彼氏。旦那《だんな》を気にかけてあげない奥さん。彼氏や旦那の立場になったら、どう感じますか？

リアルな人間関係でも放っておかれたらうまくいかないでしょう。

ご先祖さまとの関係も同じじゃないかな。

放っておくのが一番良くない。普段はほったらかしのくせに頼むときだけ頼む。

こういうのが一番やっちゃいけないこと。

だから、やっぱり「気にかける」ということは一番大事かな。

仏壇に埃《ほこり》を溜めるのもNG行為。指で引いたら線が書けるような、文字が書けちゃうくらい埃が溜まっている仏壇もある。

お盆のとき、信徒さんのおうちでいろいろな仏壇を見させていただく。

すごく埃が溜まっている仏壇があったりします。お盆なのにお供えものが腐っていたり。そういうのを見ていると、ちょっと切ない気持ちになってしまう。「気にかけてもらってないんやな」と。

ご先祖さまを放っておくと、結局は自分も放っておかれる存在になっちゃいます。

ご先祖さまを大事にしている人ほど、子孫も栄えます。
逆に子孫を大切にしている人は、ご先祖さまを大事にしています。

ご先祖さまを敬っている気持ちがあるからこそ、子孫もちゃんと気にかけてあげられる。必要とされているところがしっかり見えていて、何をしてあげたらいいかわかっている。

「ご先祖さまがあっての私ですよ」と敬う気持ちを持っていれば、今度は子孫も大切にできる人になるし、そうして大切にされた子孫だったら、親のことも大切にしてくれる子どもさんになっていく。

ご先祖さまという存在は、私たちの今の生活環境を整えてくれた大先輩です。スイッチを押せば電気がつき、蛇口をひねれば水が出る――こうした当たり前の生活は、私たちの先輩たちが一生懸命働き、築いてくれたおかげです。

だけど、自分の親がご先祖さまのことも気にかけておらず、それこそ仏壇も気にかけてなかったら、子どもだって親のことを大事にしなくなります。気にかけてくれなくなります。**いずれ、みんなお墓に埋められて仏壇に入っていくんですよ、私たちも。**

そのときに放っておかれるのは悲しくないですか。

お経にはどんな意味があるのか

Q YouTubeで和尚が唱《とな》えるお経の動画が人気ですが、そもそもお経にはどんな意味があるんですか？

お経というのは不思議なもので、唱えよう唱えよう、覚えよう覚えようとするとなかなか覚えられない。

ところが、聞いていれば聞いているほど、自然にそのリズムや文句がちゃんとインプットされるようになっています。

聞いていれば聞いているほど、お経の中身が伝わってくる。

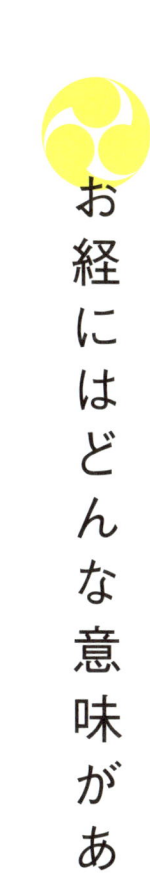

ただ、みなさんがお経を唱えたからといって、その意味はわからないですよね。日本に伝わっているお経はすべて漢文で表されています。漢訳されたお経です。本来は「サンスクリット語」といわれている梵字《ぼんじ》のような言葉で書かれていて、それが漢訳されて日本に伝わってきました。

僧侶《そうりょ》がお経を唱えても、聞いている方には、「あの和尚さんがこんなことを話してくれている」なんて、わかりませんよね。でも、それでいいんです。

最近は「宗教」と聞くと、敬遠されがちです。

世の中には霊能的なコンテンツがたくさんありますが、何千年も受け継がれてきた仏教、神道、キリスト教など世界の宗教には、すごいエネルギーが残っているんじゃないかな。

何千年も受け継がれてきたお経。それをただ聞いているだけでも、エネルギーが身体の中を通り抜けて、たまっていく感じがすると思います。心の中のいろいろなものをリセットしてくれる力がある。だから、聞いているだけで心地いい。

たとえば、「ありがとう」という言葉は、古くからずっと残っていますよね。一方で、一時的に流行《はや》る言葉はすぐに消えてしまいます。

本当に良いものは、ずっと残り続けるものです。

Q 長く信仰されている宗教には それなりの理由があるのですね？

かしこまって「宗教」と考えるよりも、人の生きる道、道徳、人道といわれる人の生きる道を脈々と受け継いできたものだと考えてはどうでしょう。

「こんなことしちゃ駄目だよ」
「こういうことをしたら損するんだよ」
「こんなふうに生きなきゃいけないんだよ」

こういうことを全部説いているのがお経。
もともとはお釈迦さまの言葉をまとめたものがお経です。訳して実践することは難しいけど、お経をただ聞き流すだけでも、気持ちが清らかになっていくんじゃないかな。悩んだり、不安になっているときなんかは、とくに効果があります。

Q どういうタイミングでお経を唱えるといいですか？

仏壇に毎日手を合わせることは、とても大切なことです。

でも、必ずしもお経を覚えなきゃいけないわけではない。

お経には言霊《ことだま》が宿っており、仏さまや神さまのエネルギーが込められています。もしお経を覚えているのであれば、経本を見ながら唱えるだけでも、先祖供養として十分な意味を持つと思います。

ご先祖さまの中には、さまざまな思いや未練を抱え、成仏していない場合もあるでしょう。少しさかのぼるだけで、私たちには数千人ものご先祖さまがいるのです。生きている私たちが手を合わせ、お経を唱えることで、ご先祖さまも安心してお休みいただける。**ご先祖さまが安心することで、私たちも安心できる。それが相互供養です。**

持ちつ持たれつの関係です。私たちが今当たり前に生きているのは、ご先祖さまたちがいてくれたおかげだと考えると、「ありがとう」という気持ちを込めてお経を唱えるのは、とてもいい供養になります。

Q 心地良く聞いているだけでも効果があるというので、ちょっと安心しましたが、うろ覚えでも聞いたままを自然に唱えても構わないんでしょうか？

一般の方ならそれで大丈夫です。ただ、私たちも経本を何回も何千回も唱えているから、経本を見なくてもお経を唱えられるんですけれども、本来お経というのは一字一句間違っちゃいけないといわれています。

大切な言葉なので、その一字一句を間違っちゃ駄目だよ、と。だから、私たちもやはり経本を開いて、ちゃんと経本を見ながら間違えないようにお唱えしなさいと教えられています。覚えて唱えようとしなくても大丈夫なので、ちゃんと経本を開いて、ゆっくりでもいいので、一字一句間違えないようにお唱えしてみてください。

お葬式をしない人が増えていくとどうなるか

Q

最近、親族が亡くなってもお通夜や葬儀といった儀式を省く人も増えているそうです。そのことについてどう思いますか？

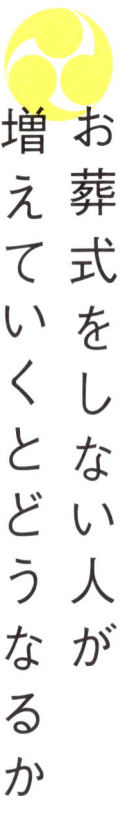

お葬式というのは、親、兄弟、友人など、故人と深い縁を持っていた人たちが集まって行う、一度きりのお別れの儀式です。その人が生涯を通じて築いてきた関係性や、これまでの人生を振り返り、最後の別れをする場として大切にされるべきものです。

亡くなった方は、親しい友人や家族、そして兄弟たちに見送られたいと願っているはずです。この儀式を通じて、残された人々もまた、故人との思い出を心に刻み、その人を心から送り出すことができるのです。

「俺は一人でいいんだ」とか「私は一人で死んでいく」という人が増えています。確かに亡くなる瞬間は一人かもしれませんが、亡くなった後も多くの人が関わってきます。火葬場で火葬してくれる人、その後始末をしてくれる人など、多くの人が関わります。ほったらかしにするわけにはいかないからです。

葬儀を省略することが増えてきたのは確かですが、葬儀はお金の問題だけではなく、気持ちの問題でもあります。葬儀には通夜や告別式がありますが、それは単なる形式ではなく、亡くなった方に「亡くなった」ということを自覚させてあげるための大切な儀式です。

一番最初に行うのが、亡くなったことを知らせるための儀式です。お香の匂《にお》いを嗅《か》いだり、お経を聞かせたりすることで、亡くなった方の魂に「あなたはこの世を去ったのだ」ということを知らせます。

人間って、亡くなって心臓は止まってても、まだ耳は聞こえているんですよ。

お経を聞かせてあげることで、「ああ、自分は死んだんだな」という自覚を得てもらう。最初は苦しそうな顔をしているのに、お経を上げていくうちにだんだん穏やかな顔になっていかれる。私たち僧侶も枕経を上げにいきますが、たくさんそんな経験をしています。

故人のそんな様子を見ていると、葬儀というものの大切さが身に沁《し》みます。一つの重要な儀式。お別れ式ですね。

あの世という世界に旅立っていくことそのものは、特定の宗教にかかわらず、人類に普遍のもの。

仏教であろうが、神道であろうが、どんな宗教であろうが、お葬式は別れの大切な儀式。あなたにとって大切な人であればあるほど、お別れの儀式をきちんとしてあげたほうが、故人も安心してお休みできるんじゃないかなと思います。

Q 生きている側にとって、お葬式はどんな儀式と考えればいいですか？

本人が「自分が死んでも葬式は上げるな」と生前に言ったからといって、簡単な見送り方をするのも寂しくないですか。

一人で亡くなっていくのって、本心は寂しいと思いますよ。

いざ自分の親や身内を送り出すときに、簡単に済ませてしまうと、自分の子どもたちも同じように簡単に済ませてしまうかもしれません。それは少し寂しいこと。

葬式というのは、長い歴史の中で大切に受け継がれてきた文化。どこの国でも、その国なりの葬儀の習慣があります。それはその人が亡くなった後も尊重し、感謝の気持ちを表す大切な儀式だからです。日本人として、こうした文化を大切にし、次の世代にも伝えていってほしいと感じます。

葬式はお金がかかる。確かにそうです。

でもね、お金がなくても、私たちのような立場の者に頼んでいただければ、本当に気持ちだけでお見送りをさせていただくこともありますよ。

一生に一度生まれて、一生に一度死んでいくというのが人間です。

そこでお見送りしていく。さようなら、ありがとうと伝える。

これって、感謝の気持ち、故人を敬う気持ちです。

自分のことしか考えないような人たちであふれてしまえば、国は良くならないと思うし、世の中もどんどん衰退していくんじゃないかな。

第5章

知らず知らずのうちに運気が良くなる生き方

言霊の力を人生に活かす

Q 言葉に宿るとされる「言霊《ことだま》」は本当に存在するのでしょうか？

言葉には霊が宿っていると書いて「言霊」、もしくは言葉に魂があると書いて「言《こと》魂《だま》」とも呼びます。

日本では古来から言霊がとても大切にされています。

たとえば、私が実践している宗派は、「真言宗」といって、密教をルーツに持つ宗教です。

真言とは「真の言葉」と書きます。

海外では「マントラ」と呼びますが、真言は神の言葉と考えられています。

いい言葉にはいいエネルギーが宿ると言われています。

『水は答えを知っている』（サンマーク出版）という本があります。

その中に水の結晶体を撮った写真があります。日本語の「ありがとう」、英語の「Thank you」、中国語の「謝謝」などの言葉を水に投げかけたときに、結晶体の形が全部変わっていくというのです。

その本の中で、日本語のありがとうに対する結晶が、一番形がきれいなんです。他にも「感謝」とか、「愛」とか、いい言葉を放てば放つほど、結晶がどんどんきれいに輝いていく。いい言葉ほど、どんどん結晶がキッチリしていい形になっていくんです。雪の結晶みたいに。

ところが、「バカ」「アホ」「嫌い」などネガティブな言葉を使うと、結晶が崩れてしまう。

このように、**「発する言葉」というのは、人間にとってとても大切なもの。**

人の身体の7割は水分で構成されています。つまり、体内には水の波動が響いていることになります。悪い言葉を使うということは、自分の体内の水が濁ることにつながる。とくに日本語というのは波動が高い言葉といわれているので、いい言葉をなるべく使うようにしたいものです。

私たちの放つ言葉には、想像以上のエネルギーがある。私たちが悪い言葉を使う時、自分自身に悪い波動が無自覚に響いてしまっています。

家にある草花があるなら、彼らにもいい言葉をかけてあげるといい。「いつもきれいな姿を見せてくれてありがとう」「いつもこの部屋を明るくしてくれてありがとう」と言葉をかけていると、長生きしたり、もっと美しく大きく咲いたりしてくれます。

ところが、無視していると、枯れてしまうことがある。

人間同士でも同じですよ。

彼氏や彼女に「きれいだね」「かわいいね」「カッコいいね」と毎日伝え続けると、細胞が変化するのか、不思議とどんどんきれいになったり、カッコよくなったりするそうです。

ところが、そういう言葉がけを一切しないと、歳を取るのが早くなったり、老けるのが早まったりする。

自分自身にも同じことが言えるかもしれません。

毎朝、鏡を見るとき、「今日もがんばってるね」と、褒めてあげることが大事。自分にごほうびをあげてみる。自分にいい言葉をかけてあげれば、その自分の身体にあるエネルギー、水分というのはいい結晶体に変わっていく。

いい言葉を日々使っている人は元気だし、人からも愛されています。逆に、悪い言葉、人の陰口や悪口を言ってばかりの人は自分自身も病んでしまう。

なぜならば、言葉には魂が宿っていて、強いエネルギーを持っているため、無意識レベルで私たちに強い影響を及ぼすからです。

言霊は私たちが自身でコントロールできる唯一のエネルギーと言えるのではないでしょうか。

悪い言葉は必ず相手にも届く、いい言葉も届く。

だったら、相手に対して意識していい言葉を使ってあげるというのは、すごく大切なことじゃないかな。自分も相手もハッピーになるためには。

Q 誰かに「ありがとう」を伝えると、自分にも返ってくるということですか？

そうです。なぜならば「ありがとう」という言葉を発する前に、自分自身の中にもちゃんと響いているから、間違いなく返ってくるはずです。「ありがとう」という言葉が頻繁に使えている人というのは、「ありがとう」のエネルギーに満たされていますｓ。だから、言葉の使い方というのは気をつけたほうがいい。

言葉は自分にも響いているから。口に出す前に自分に響いている。

ということは、**いい言葉を使えば、ちゃんと自分もそのように波動が変化していく。悪い言葉を使っていると、それも自分に響いてくる。**だから、**相手を攻撃したり、相手に悪いことばかり言っている人は、まず自分が悪くなる。**

あなたも明日から運を上げたかったら、悪い言葉ではなく、いい言葉を意識して使うようにしたらいいんじゃないかな。

人は何のために生きるのか

Q

20歳以上の男女2000人に「生きがいがありますか?」と質問をしたアンケートがあります。7割はあると答え、3割は生きがいがない、もしくはわからないという答えでした。生きる意味というのは一体何なんでしょうか?

「ありがとう」という言葉。
これは「有ることが難しい」と書いて、ありがたい。
あなたが今そこに存在するのは、考えてみたらすごいこと。

お父さん、お母さん、おじいちゃん、おばあちゃんがいなかったら生まれてきていない。1人でも欠けていれば、今のあなたは存在していません。

ご先祖さまの大切さというものを伝えてこなかったことの悪影響が、現代の問題じゃないかなと思います。法事にしても、とにかく形式に捉われすぎです。

結局、「有り難さ」を忘れてしまっているんです。

「生きがい」って何かといったら、「ありがとう」という気持ちを知ることじゃないかな。有ることがそもそもまず難しいんだ、存在していることが難しいんだ、と。

あなたにお子さんがいらっしゃるとしたら、自分の子どもが存在することって本当はものすごく有り難いこと。もしかしたら、たった1分1秒のすれ違いで、今のお相手の旦那さんや奥さんと出会っていなかったかもしれない。そうしたら、その子どももこの世に生まれてきていない。

感謝を忘れ去ってしまう時代になってきたから、生きるために楽しいこと、「生きがい」がなくなってきているんじゃないかな。

自分の人生なんだから、好きなことをして生きたい。

ところが、生きがいを見失ってしまっている人がいます。

やりたいことをやる勇気を持つことが大切。人に振り回される人生ほどもったいないものはない。自分の人生は自分で選択して生きるべきだし、自分の人生を選択してこそ、初めて生きがいが生まれてくる。


そして、**生きがいとは、人を応援できるようになって初めて生まれてくるもの**だと思う。まずは人を応援できるような知恵と知識を身につけること。

そうしたら、今度は人に得させてあげられる人生になるんじゃないかな。


人からありがとうって言われれば人生をもっと楽しめる。

仕事なんてなんでもいいじゃないですか。

人にありがとうって言ってもらえることのほうがよっぽど大切です。

Q では、生きがいは人のつながりから生まれてくるものなんですか？

人とつながりを持っていたら、困ったときは誰かが助けてくれますよね。助けてもらったら、今度は自分が相手を助けてあげられる人になる。

人それぞれ、学べる段階も違う、悩む段階も違う。

自分が悩んで、乗り越えてきたことを、今、目の前にいる縁のある人が悩んでいるかもしれない。そのときには教えてあげればいい。

必要とされる人であり、または助けを必要とする人。

両方持ち合わせていていいんです。

自分が必要とされる人生を歩んでいきたかったら、自分も誰か他人を必要とする人になってみる。

人は必ず関わりを持って生きています。

人は一人では生きていけません。

最近、20代の孤独死というのもすごく増えているそうです。

一人で孤独に亡くなって、1週間とか、下手したら1カ月とか経ってから見つかる。

それくらい関わりを持たない方たちが多くなっている。

そうならないためにも人とつながること。コミュニケーションを取ること。

周りに頼ればいい。

どんどん、甘えてみたらいい。

そして、自分も頼られる人、甘えられる人になる。

それが「生きがい」という形に変わるんじゃないかな。

まさに「生きる価値」ですよね。

人生に奇跡が起こるタイミング

Q

多くの人が何かしらいい変化を求めています。
奇跡のようないい変化をつくっていくために
大切な考え方はありますか？

もちろん、この世の中に「奇跡」は存在します。
奇跡とは何か？
その答えを知ってしまえば、もはやそれは奇跡ではありません。
見たことがない、経験したことがない、体験したことがない。
それが奇跡です。

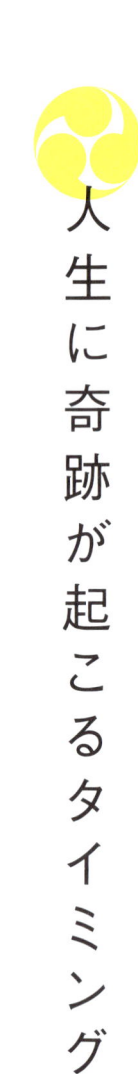

「和尚さんが言っているから、実践してみようかな」
「ちょっと手を合わせてお祈りしてみようかな」
「先祖供養してみようかな」

こんなふうにちょっとした意識を変えてみると、日常に奇跡が起きやすくなるんじゃないかな。

先祖供養をやってみた。
新たな気持ちで生き直してみよう。
ネガティブになったらこんなふうに改善してみよう。

私のお話を聞いて、それを前向きに実践してもらうと、その結果はもう「奇跡」ではなくなります。それが「当たり前」となっていく。学び、実践することで、それは知識や知恵に変わり、自分のものになります。

そうなると、今度は自分が同じように、困っている人や苦しんでいる人を助けることができるようになります。そのとき、自分が提供する言葉や技術が、その人にとっての「奇跡」を起こす力になるんです。

Q 奇跡とは待っててやってくるものではなくて、学びも経て、何か変化するから結果として起きるものなんですね？

何かを学んで実践すると、奇跡が起こるかもしれません。

未来の成功した自分が今の自分にメッセージを送ってくれると想像してみてください。そのとき、今の自分はまだ課題を乗り越えていないかもしれないし、苦しんでいるかもしれません。だけど、未来の自分が「こうすれば奇跡が起きたよ」と教えてくれたなら、それを実行することで、なぜこんなことが起きたのか、その答えが見えてくるはずです。

奇跡を受け入れる姿勢があれば、それは徐々に自分のものに化けていく。最初は奇跡のように感じても、それが習慣として身につけば、頭で覚えるだけでは得られない、本物の力となります。行動を重ね、その癖がつくことで、奇跡が自分自身のものに変わっていく。そんなときに、奇跡は本当に起こるんじゃないかな。

Q 和尚はよく「有り難い」「ありがとう」「有るのが難しい」とよくおっしゃっていますが、それも一つの奇跡ということですか？

「有るのが難しい」という話をよくしますが、漢字の「難」を使うと、どうしても「困難」や「至難」といった意味がつきまといます。

確かに、世の中にはさまざまな困難がつきものです。誰しも「無難」に生きたいと願うでしょう。「無難」とは「難がない」という意味ですが、実際には「無難」な生き方なんて存在しないんです。なぜなら、この世は苦しみが基盤となっているから。

苦しみというのは、お釈迦さまが説く「四苦八苦」と同じで、思い通りにならないからこそ生まれるもの。思い通りにするためには努力が必要で、学び続けなきゃいけない。

無難でいたいと思うとき、それは多くの場合、他人と自分を比較しているときです。自分が困難に直面している一方で、困難に出会っていない人がどこかにいるのを見て、「ああ、あの人はいいな、無難で幸せそうだ」と思うことがあります。でも、そうやって比較するからこそ、自分が困難だと感じるんです。

人は「無事・無難でありますように」と願うものですが、実は私たちの目の前には、困難や苦難、至難がしっかりと存在しています。しかし、これらがあるからこそ、「ありがたい」と感じるんです。なぜなら、それが私たちに教えてくれる学びだからです。

困難を乗り越えるためには、奇跡が必要だと思うかもしれません。奇跡というのは、困難があるからこそ起きるものです。人は苦しみを経験するからこそ、そこに奇跡が生まれるのです。それこそが知恵であり、奇跡です。

目の前の奇跡を学びとして自分のものにできれば、もう同じ困難には直面しません。それが「無事・無難」というんじゃないかな。

Q 人間は成長し続けなければいけないということですか？

思い通りにしようとするならば努力しなきゃいけない。

一つ目の前にある難を解決していかなきゃいけない。

もし、そこから逃げたり、避けて通ろうとすれば、解けなかった問題はさらに厄介な形であなたに降りかかります。

たとえば、職場が嫌いではないけれど、嫌いな人に出会ったとします。仕事自体は好きなのに、その人がいるからと逃げるように辞めてしまう。そうすると、次の就職先では、さらに嫌な人が現れるでしょう。前の職場のほうがマシだったと感じるくらい、もっとひどい人が来るかもしれません。

なぜ、そんなことが起こるのか。

それは人生の一つの壁として乗り越えなければいけないからです。

でも、それを乗り越えることができたときに、難は難ではなくなる。

「おかげさま」という言葉、つまり「ありがとう」に変わるのです。

「おかげさま」に変えるためには、乗り越える意志が必要です。


でも、ひとたび乗り越えたときに、だいたい奇跡って起こるんじゃないかな。

その奇跡を自分のものにしたとき、感謝の気持ちが生まれ、「おかげさま」という言葉に変わる。

だからこそ、難があるということは大切なことじゃないかなと思います。

人は生きたまま仏になれる

Q

弘法大師さまの教えの中で、「心に仏性《ぶっしょう》という仏さまの種を持ち、その光を輝かせることができるならば、我々はこの世でこの身のまま仏になれる」という教えがあると聞きましたが、これは本当ですか？

人間というのはこの世に生まれてきた以上、毎日が死に向かって進んでいます。人生１００年足らず。昔だったら60年といわれていた時代もあったように、本当に短い。あっという間に過ぎ去っていく。

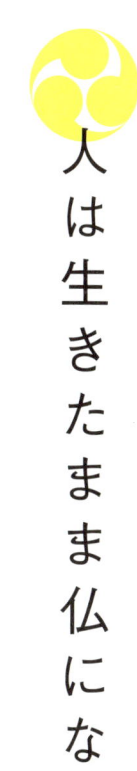

でも、生まれてきた以上、人間の魂は幸せになるのが目的のはず。

誰も「人生で苦しみを味わいたい」と思って生まれてきてはいません。

だったら、みんながみんな幸せになったほうがいい。

100人いたら、100人とも幸せになりたい。

しかし、人にはそれぞれ考え方、ものの見方、受け止め方の違いがあります。

育ってきた環境によって、「自分は不幸なんだ」と自分で自分にレッテルを貼《は》りつけてしまう人が多い。その「見方」を変えるだけでも、幸せだなって感じられるようになるんじゃないかな。

「おかげさま」で生きられるようになった時点で、この世を楽しめるようになる。いつか死ぬ日がきたとき、「ああ、良かったな」と思える最期を迎えることができたなら、それが本当の極楽浄土です。

「生きているのが苦しい。あの世に行ったら極楽があるんじゃないか」と考えるのは良くない。


今日腹が立ったまま死んじゃったらどうなりますか。

今日おなか空《す》かせたまま死んだらどうなりますか。

あの世に行ってからは何も食べることができません。

でも今、腹が立っていても、数時間後には笑顔になれるかもしれない。

いまこの世で生きていたら、レンジでチンして3分でご飯が食べられる。

これが生きている世界なんです。

でも、亡くなってからはそうはいきません。

弘法大師さんが説かれた「仏性」とは、今の自分たちが幸せに生きることができれば、この世で仏の世界、極楽に行けるという意味です。

つまり、仏性というのは、言い換えれば「仏心をみんな持っているんだよ」ということ。その逆もあります。仏心の真逆。人はどっちにでも行けるんです。

人を恨むこともできれば、人を助けてあげることもできる。人を救うこともできれば、人を陥れることだってできる。

それが私たちの生きる世界。

仏の心を目覚めさせてあげること。
それができれば、どんな人でもみんな幸せになれるんです。

Q つまり、生きている間に仏になれるというのは、簡単にいうと「幸せになれる」という意味ですか？

幸せで楽しいとき、まさに「ハッピー！」って感じる瞬間もありますよね。そんなとき、自然と満面の笑みが浮かびます。その笑顔は「福顔」とも呼ばれ、周りの人たちも見ているだけでほっとするものです。

逆に、人は苦しいときにはその苦しみが顔に表れ、鬼のような形相になってしまうこともあります。**しかし、その苦しみを乗り越えてこそ、「おかげさま」と感謝の気持ちが持てる生き方ができる。**

その瞬間こそが、極楽です。

極楽に行くときもあれば、地獄に行くときもある。でも、その経験って実は、この世ですでにみんな体験しているんです。あの世に行ってから地獄や極楽が待っているわけではなく、この世で「極楽」と呼べるハッピーな時間を自分で作り出していってほしい。

ただ、私たちの人生はたった100年足らずしかない。だからこそ、毎日が修行であり、学びであり、いろんなことに気づかされる時間なんです。そういった移り変わりにしっかり対応できるように、頭を切り替えていくことが大切。

過去は変えることができません。悪い原因があるから、悪い結果も出てくる。でも、過去に戻ってその原因を修正するわけにはいきません。私たちは未来にしか進めないのです。

だからこそ、今どう行動するかが重要なんです。

今の行動が未来に良い結果をもたらせば、そのときに「おかげさま」と感謝の気持ちを持てるようになります。「あのつらい経験があったおかげで」「あんな変なやつに出会ったおかげで」と、過去の出来事が感謝に変わる。

未来にどんな結果が出るかは、今どう行動するかにかかっています。もし、過去の原因を振り返って今も悩んでいると、さらに悪い原因を今作ってしまうことになります。その結果、未来にはもっと悪いことが起きてしまうかもしれません。

たとえ今、悪い結果が出ていても、それをどう変えるかで、未来の結果が良くなる可能性があります。良い結果が出たときには、過去を振り返って「おかげさま」と感謝できるようになります。そうして未来には「良かった」と思えるような極楽を築くことができる。

過去は原因で、未来はその結果に過ぎません。

そして「今」という瞬間は、原因でもあり、結果でもある。

だからこそ、今を大切にすることが重要。

これは、弘法大師さまの教えそのまんまと言えるんじゃないかな。

現代人の誰もが「孤独」に陥る意外な理由

Q

あるアンケートで、20代から30代の若者や独身女性の2人に1人が日常において孤独を感じているという結果でした。日本人の孤独をどう考えますか？

孤独を感じるということは、ご縁が薄っぺらになったということかな。

その昔、私たちの時代なんかは、どつかれようが、しばかれようが、先輩についていった。「何クソ」って頑張ってこられた時代。

今は面倒見のいい先輩たちがいなくなって、自分たちのことを考えてくれる大人も少なくなっちゃった。

なんでかというと、大人も先輩も上司も、みんな自分のことで忙しくて、いっぱいいっぱいになっちゃったわけ。昔よりも余裕がなくなっちゃった。


これはたぶん**世の中にモノがあふれたこと**と関係しているんじゃないかな。

昔だったら、ちょっと旅するのにも夜行列車に乗ったり、もっとその昔であれば、歩いて四国の八十八ヶ所を行脚《あんぎゃ》したり、いろいろな苦労がありました。

でも、どんどん便利になってきたから、今日は九州に行って、明日は北海道に行ける。下手したら1日で日本中を移動できる。用事も済ませられる。


今はみんなスマホを持っているでしょ。

だから用事が全部スマホで済んじゃう。

調べものをするために図書館にわざわざ行く人が今時いるでしょうか？　グーグルで検索したら一瞬で答えが出てくる世の中です。

便利になることは悪いことじゃない。便利になることはいいことなんだけど、あれもこれもいっぺんにできちゃうのが困りどころ。

あれもこれもやっているうちに、かえって忙しくなっている。

昔だったら3日かけた、1週間かけた、10日かけた……とやっていたことがすぐにできちゃう。携帯電話も電子メールもない時代は、人と連絡を取るだけで2、3日かかることもあったわけです。

3日かかっていたことが1日でできるようになった反面、やることが増えてしまったんじゃないかな。その結果、心に余裕がない。

昔は1週間かけて旅をしたら、自分自身と向き合って「ああだこうだ」と考えている時間があった。**でも、今では自分に向き合って考える時間を取るのは、なかなか難しい。そこが最大の問題じゃないかな。**

忙しいという漢字は、「心」を「亡くす」と書く。

心を亡くす。つまり、自分のことすらわからなくなってしまう状態です。

そのため、現代はストレス社会と言われていて、自分のことすらわからず、精神的に悩んだり、病気になっちゃう人が増えた。

自分以外の人、家族や兄弟のことも考えてない人が増えてきた。それだけじゃない。

友達や親友すらつくれない人も出てきた。

「パワハラ」って言葉があるでしょ。

あれは結局、上司と部下の信頼関係が薄っぺらになっちゃったということ。

一昔前は、厳しく叱《しか》ってくる先輩でも、後で「大丈夫だったか？　ちょっときつく言いすぎたかもしれんな。ごめんな」とフォローしてくれたり、プライベートでも「嫁さんとうまくやってるか？」とか、「彼女とはどうなんだ？」と気にかけてくれたり、「ちょっと一杯飲みに行こか」「ご飯でも食べに行こか」と誘ってくれることが多かった。そうやって、信頼関係が築かれていたんですね。

「愛情を持って接してもらっている」という感覚が持てた時代です。今はただ仕事上だけの付き合い、職場だけの付き合いで終わっている。

お互いの信頼関係が薄っぺらになってるから、信頼のない人から「あんた、アホか」って言われたら、そりゃカチンとくるのが当たり前。

だから、自分のことを素直に話せないし、自分のことを理解してもらえないと感じて孤独が生まれてしまったんじゃないかな。

とくに核家族化が進んで、親とも同居しなくなり、兄弟ともある程度年齢がきたら別居状態になったり。結婚している方でもファミリーだけで孤立化する。親は家を建てて、住宅ローンを払って、車のローンを払って、子どもとも向き合えなくなっている状態。だから、子どもの孤独もあるでしょう。そんなわけで若者はどんどん孤独になっているんじゃないかな。

Q 自分と向き合う時間をつくることで孤独は解消されますか？

日本はよくよく考えたら、墓参り、お彼岸、お盆、正月の初詣、厄除《やくよ》けなど、年間を通して手を合わせるきっかけ、機会が多いですね。

そういった機会にちょっとだけ手を合わせてみる。

仏壇がないかもしれない。お墓がない方もいらっしゃるでしょう。

まずは自分の家の中でいいから、手を合わせてみてください。「ご先祖さま、ありがとうございます」とお祈りしてみるのも、一つの自分時間をつくる方法です。

とにかく、現代人は自分自身と向き合う時間がなくなっています。

初詣に行っても、お寺や神社に参っても、頼みごとばかり。


「神さま、お願いします。助けてください」

「仏さま、今、私は最悪なんです。なんとかしてください」


こんな時代になっちゃった。


「頼むこと」と「祈ること」はまったく別物。

やっぱり、祈りは「感謝」です。


感謝できる時間があってこそ、自分が今どんな状況なのかというのもわかる。同時に感謝すべき対象が何かということもわかる。

そんな心の余裕がなければ、自分のことだけじゃなく、家族のこと、兄弟姉妹のこと、友達のこと、縁の深い人たちのことも何もかも、わかってあげられなくなってしまいます。

そのことが、結果的に孤独を生んでいるといえるのではないでしょうか。

何歳からでも始められる開運な生き方

Q 和尚から見て、優れた生き方をしている人はどんな人ですか？

夢や希望をちゃんと持っている人じゃないでしょうか。

目標が明確な人ほど輝いて見えるものです。

それは目で見て感じるというよりも、感覚として感じます。

みんなで食事をしているとき、その人が入ってくるだけでパッと雰囲気が変わる。

そんな経験ってありますよね。反対に、その人が来ると場がどんよりしてしまうこともあります。

夢や目標を持っている人は、いつも輝いて見えますし、周囲にもそのエネルギーが伝わります。一方、ネガティブな思いや妄想にとらわれている人は、逆向きのエネルギーを発していて、内側にこもった雰囲気を漂わせるものです。

誰しもそういった感覚を持っていると思います。

だから、運気良く生きたいなら、夢や目標をしっかり明確にすることが大切じゃないかな。最近、「夢がない」とか「何をしていいかわからない」という人が増えていますが、遠い未来の大きな目標じゃなくても、目先のこと、明日のことでもいいんです。

明日仕事に行くのが嫌だなと思ったら、「明日は何のランチを食べようかな」と考えてみるだけでもいい。そうやって気持ちを切り替えるほうが、楽しく感じませんか。**小さな目先の目標でも、気持ちを切り替えることで、ポジティブなオーラや輝くエネルギーが生まれる。**

そういう人が、自然と運気が良く見えるんじゃないかなと思います。

Q 希望で輝いて、周りの人たちに影響を与えるのも大事なんですね。

目的は「目《め》」に「的《まと》」って書きますよね。

目的が明確な人は、ちゃんと逆算して予定を立てられるものです。

たとえば、朝10時にどこかへ行かなきゃいけないとき、何時に起きるのかを逆算して計画を立てますよね。そうした行動力があると、周りから見ても素敵に映るものです。迷いなくスムーズに行動しているように見えますから。

一方で、今日はとくに予定がないからと、ダラダラ過ごして、目が覚めたときに起きて、そのままダラダラと準備し、ダラダラと行動する……こういう姿は、やっぱり良くない。

Q 夢や目的はどうやって立てればいいんですか？

たとえば、5年後に達成したい目的がある人は、5年後の自分を見据えて、今から何をすべきかを計画しています。そして、そのために必要なスキルや知識を自分の中に取り入れています。

これは料理とも似ています。カレーライスを作りたいと思ったら、まず何を買うか、どうやって調理するか、何時頃に完成させるかを考えますよね。すべてが明確になると、無駄がなくなります。

夢というのは、「自分はこうしたい」という強い気持ちから生まれるものです。たとえば、マイホームを建てたいという願望も一つの夢ですし、新しい車を買いたいという欲求も同じように夢の一部です。しかし、夢を実現するためには、具体的な目標に変えていく必要があります。

たとえば、料理を作ったことがない場合は、レシピを調べるでしょう。マイホームを購入する場合も同様に、まずはどの不動産会社に相談するべきか、どの施工会社のデザインが自分の好みに合っているかを調べる必要があります。その過程で、夢は具体的な目的へと変わっていく。

調べること、情報を集めること、それが夢を現実に変えるための第一歩となるのです。

夢が漠然としているままでは、それはただの幻想でしかありません。

たとえば、「幸せになりたい」「健康でいたい」などの願望も、具体的な行動に移さなければ実現することはありません。

これは、今日の夜ご飯をどうしようかと悩んでいるだけで、実際に料理ができあがらないのと同じことです。

夢を現実にするためには、明確な目標を持つことが大切です。

「どうやって幸せになるのか」
「どうやって夢をかなえるのか」
「どうやってそれを現実化していくのか」

具体的に明確に考え、行動に移すこと。

たとえば、晩ご飯のメニューを決めるためにスーパーに行くとしましょう。

何を作るかが決まっていると無駄なく買い物ができますよね。一方、漠然と「何にしようかな」と考えながらスーパーに行くと、時間もかかるし、余計なものを買ってしまうかもしれません。

これって人生も同じなんじゃないかな。

漠然とした考えを持っている人ほど時間がかかり、目的地にたどり着けない可能性が高い。夢があるならば、それについて調べて、実際に行動してみる。

行動すること。

行動しなきゃ、自分が本当にやりたいことや目的に出会うことはないんです。

「魂が美しい人」は何をやっているのか？

Q 「魂が美しい人」というのはどんな人ですか？

今を楽しんで生きている人じゃないでしょうか。

楽しんで生きている人は、自分の時間を大切にし、やりたいことをやっている人です。そんな人は輝いています。何かをしたいと思ったときに、どうやって実現するかに頭を使っている人も、やはり輝いています。一方、やりたいことを我慢している人は、内にこもったエネルギーを持っている人が多い。

言いたいことがあるときに、どうやって言おうかと工夫している人は輝いています。

しかし、「ああ言われると嫌やから、もう話やめとこう」とか、「行きたいところがあるのに時間やお金がないから行かへん」といったように、どこか我慢している人ほど魂が純粋に輝けていない。

魂って、生まれてくるときにすでに自分の中にあるもの。魂は本来、自分の役割を知っています。何のために生まれてきたのか。どういう生き方をするためにこの世に生まれてきたのか。すべて理解しています。

だから、自分の意志に従うことで、魂はその役割を果たすことができる。ところが、頭であれこれ考えてしまうと、魂に我慢を強いることになる。

魂が求めていることを実行することが、魂本来の役割を果たすことなんじゃないかな。それを「できない」「無理だ」と押さえつけてしまうと、魂の輝きは失われてしまうんです。

Q 魂の行きたい方向に身体をちゃんと使うということですか？

そうです。だから、誰かと比べて自制したり、他人に合わせすぎるのもよくない。ちょっとぐらいはみ出してもいい。逆にはみ出した方が自分らしさが出てくるんじゃないかな。

やりたいことをやっている人の方が健康的です。世の中とうまく波長が噛み合っている。それによって、ご縁をいただいたり、さらにいい縁がつながったり。

一方で、やりたいことを我慢している人ほど、世の中とうまく噛み合わない。いい縁ともつながらない。タイミングがずれちゃうんですよ。だから、「こうしたい」と思ったことを「できない」と抑えるよりも、ときには流れに乗る精神も必要なんです。

Q 考えすぎちゃって、結局、自分は何がしたいのかわかりません。

大事なのは、やりたいことを実現するために頭を使うことです。

我慢するために頭を使ってはいけません。

意思なのか、意志なのか？

何のために生まれて、何のために生きているのか、どのタイミングで何をすべきかは、魂がすでに知っています。それは、食べたい、行きたい、言いたい、何かをやりたいといった感覚から湧き起こってくるもの。そうした感覚に従うこと。脳に我慢させるのではなく、工夫させることが大切です。それが努力というものです。

努力することは本来、精進していくこと。自分を成長させるために、もっと頭を使い、工夫しよう。そういう生き方ができる人こそが、魂が輝く生き方をしていると言えるんじゃないかな。

誰もが心の中に「神さま」を宿している

Q

因果応報といわれるように、自分の行いは自分に返ってくるとか、悪い行いは悪いことで返ってくるといわれます。周囲の人を苦しめても、自分が良くなろうとするような人はどうなるんですか？

自分自身が一番よくわかっているはず。神さまが見ていますよ。

「自業自得」という言葉があります。自分でやった行いは自分に返ってくる。人を陥れたら結局マイナスの事態が自分に返ってくる。

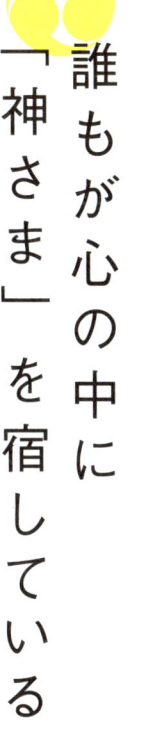

これは一般的にいうと「得」ではなくて「損」ですよね、ほんとは。

だけど、自業自得という言葉には「得」という言葉がついている。これは自分の行い、業が結局、自分の「得」に変わっていくことを意味します。

プラスもマイナスもやっぱり「得」になっている。

たとえば、人を苦しめて、バチが当たったとしましょう。バチが当たったことを「損」とみなすんじゃなくて、「得」と捉えてみる。

そのときに、人は真の意味で成長できるんじゃないかな。

逆にだまされたほうもこう振り返られる。「自分がちょっと抜けているところがあったんじゃないか」「足りなかった部分があったんじゃないか」と。

自己反省にもつながる。「ああ、もうちょっと、しっかりしていれば騙《だま》されなかったのに」というときってあるでしょう。それも結局、自業自得。

陥れようとか、騙そうとする人はもちろん良くないと思いますが、本人が一番わかっている。「ああ、俺って人に迷惑かけてるな」とか、「悪いことだな」と思いながらも、やってしまっている。

自分の欲をコントロールできずに悪いことをしてしまっている人もいる。

そのエネルギーが巡り巡って、結局、自分に返ってくるんです。

でも、それを「得」と捉えることができたら、その人はもう二度とそういうことをしなくなる。

ある意味、返ってきたものを反省できているか、反省できていないか。そこにかかっている。反省できなかったら、もっと大きな「得」になってきてしまう。

「得」というのはプラスのことばかりじゃないですよ。

反省できていれば、最終的にはすべてプラス。だから、「自業自得」という言葉になるんじゃないかな。反省ができない、自分の私利私欲だけに振り回されて人を苦しめている人は、やっぱり巡り巡ってきて、バチが当たることになる。

よく「魔が差した」といわれるでしょ。

自分に振り回されてしまうと魔が差して、思ってもないようなことをしてしまうこともある。そこで反省できれば成長できると思います。

でも、反省できない人は、もっと大きくバチが当たる。

神さまが見ている、見ていないと考えるならば、「自分の心の中にある神」は必ず

自分のことを見ています。

神さまが見ている、仏さまが見ている。

そういう気持ちで生きているのか、それとも自分の心の中に潜む「鬼」に振り回されて生きているのか。それが自分の今の生き方に反映します。

Q 神さま、仏さまとともに生きているという感覚を持てるかどうかで、かなり人生が変わりそうですね。

昔の人々は、ありとあらゆるところに神々がいると考えました。八百万《やおよろず》の神の信仰というのがある。土地には土地の神さま、水には水の神さまがいて、火には火の神さまがいて、みんないろいろなところで手を合わせていました。日本人の持っていた八百万神の信仰を大切に思う気持ちが、「粗末にしたらバチが当たるよ」という心を言い伝えてきたわけです。

人生を振り返れば、いろいろな人たちと出会っていますよね。いろいろな先輩がいる。いろいろな後輩もいる。その人たちの存在こそが、神々ともいえるでしょう。自分のことを守ってくれる人、陰ながら応援してくれる人、支えてくれる人、説教してくれる人……。

だから、**人々の言葉は「神々の言葉」**ともいえるんじゃないかな。

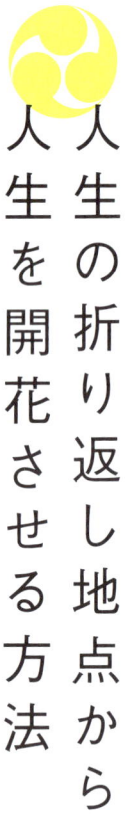

人生の折り返し地点から人生を開花させる方法

Q 今年50歳を迎えました。何か気を付けるべきことはありますか？

かつて「人生60年」と言われた時代がありました。しかし、最近は医療の進歩もあり、平均寿命が延びています。60歳というと「おじいちゃん」というイメージではなく、まだまだこれからという感じですよね。

一方、50歳は「初めての老い」と書いて「初老」と言われ、老いの始まりの節目とされています。多くの人が50歳を過ぎると体力や気力、免疫力が落ちてくるのを感じるのではないでしょうか。だから、50歳から体調が優れなくなったり、体力が急激に落ちたりするという話をよく聞きます。

もちろん、10代と20代、20代と30代でも体力の違いはありますが、50歳を過ぎるとさらに急激に変わってくる。

私が心がけているのは、体力を落とさないようにすることや、免疫力を保つための努力です。私も運動をしていますが、50代は体力、気力、免疫力を高めるための大きな節目じゃないかな。


厄年というのがあります。女性の19歳や33歳、男性の25歳や42歳などがそれに当たります。60歳は還暦と呼ばれます。

さらに、60歳を過ぎると古稀《こき》や米寿などの祝いがありますが、60歳以降は男女の区別はありません。男性の厄年、女性の厄年というのは大体50歳までです。

60歳以上になると、還暦の祝い、古稀の祝いという形になります。50歳が一つの大きなターニングポイントになるのです。

だからこそ、体力・気力・免疫力を高めていくことが重要です。

運動をする、気力を高める、新しいことを始めてみる。30代、40代では人の顔色をうかがいながら、世間や社会に対して我慢して過ごしてきた人もいるでしょう。50歳になると地位や立場も上がり、家庭でも子どもたちが独立し、自分の生活リズムが戻ってくる時期です

50歳になって、「めっちゃ老けたな」と他人から言われる前に、自分で免疫力や体力を高めて、新しいことを始め、「若くなったね」と言われるようになってほしい。50歳は、自分がやりたいことを実現できる節目の年齢ですから。

人間の細胞は、理論上120年間生きられると言われています。細胞の寿命から考えると、60歳が大きなターニングポイントです。0歳から60歳までは上り坂、60歳から120歳までは下り坂。

だからこそ、60歳を迎える前に、自分の体力や気力を高め、積極的に新しいことに挑戦することが大切です。

0歳と120歳を比べてみてください。

0歳、髪の毛生えてない。120歳、抜けちゃった。

0歳、まだ目が見えてない。120歳、見えなくなっちゃった。
0歳、歯が生えてない。120歳、歯が抜け落ちてしまった。
0歳、足腰立たない。120歳、もう立てなくなった。

0歳と120歳は姿形こそ違えど、ほぼ同じ状態になっている。つまり、120年経つと0歳に戻れるということです。

これが「**生まれ変わる**」という意味なんじゃないかな。

60歳から歳を取るというのは、実はだんだん若返っているのではないでしょうか。

50歳で何か新しいことを始めることで、60歳で下り坂に入るのではなく、上り坂を継続できる。気持ちや体力、気力を含めてね。

人生一回ぽっきり。50歳の節目を迎えた人に言いたい。

50代というのは、やりたいことにもう一回挑戦できるチャンスですよ。

世の中がどう変化しても「だいじょうぶ」でいられるコツ

Q

最近、世の中が混沌《こんとん》としていると感じますが、これから日本はどのように進んでいくと思いますか？

天変地異が起きるなど、いろいろな憶測をする人がいます。世の中がどんどん変化していく中で、不安が募ることもあるでしょう。今の日本の未来を不安に感じるのも無理はありません。

しかし、こういうときこそ、日本人らしさを取り戻すときではないでしょうか。

日本らしさとは、**「信心」**にあると思います。

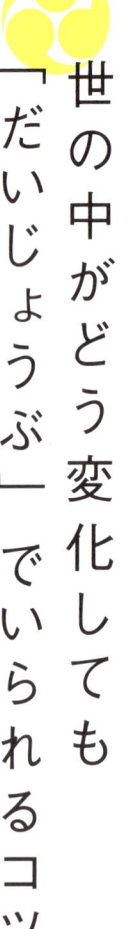

信じる心をもう一度育て、思い出すことが大切です。日本人が持っている「人を思いやる気持ち」や気配り、それこそが日本独特の優しさです。そして、その根底にあるのは、やはり信じる心じゃないかな。

疑ってかかる心が社会に蔓延《まんえん》し、人間関係も薄っぺらくなっています。これには核家族化や、社会全体の団結力が失われつつあることも影響しているでしょう。

だからこそ、今こそもう一度、みんなで力を合わせ、一致団結していくことが大切です。ご近所付き合いを大切にし、友達とより深い関係を築くこと。

もっと幅広く、人としっかりと付き合ってみませんか。

友達ができ、やがて親友となり、恋愛や結婚へと進んでいくように、深い人間関係を築いていくことで、お互いを守り、応援してくれる人も増えていくんじゃないかな。

遠い関係の人にお願いされても、「なんとかしたろか」とは思えない。でも、本当は「なんとかしてあげたい」と思うのも私たち人間の心だと思う。

困ったら助けてほしいし、守ってほしい。
それなら、根本である人間同士もっと絡んでいこう。

もっと人とご縁を育《はぐく》んでいきませんか。
もっと深く付き合ってみませんか。

いい人ばかりじゃないかもしれない。でも、悪い人とのつきあいにも気づきや学びがあるし、嫌な人だって自分に何かを教えてくれる存在。だから、もっと人と深く関わりを持ってみようと思うことが大切。

身近になればなるほど、あなたを応援してくれる人に変わりますから。
身近になれば、自分もその人のことを助けてあげたいと思うし、守ってあげたいと思うようになってくる。

Q 困ったときは「神頼み」してもいいでしょうか？

神さま、仏さまとの関係だって、人間関係とまったく同じですよ。
そこらへんにいる神さまとかお寺さんにお参りしてください。

お寺にお参りに行く、神社にお参りに行く、近くの氏神さまにお参りに行く。お地蔵さんが立っていたら、お地蔵さんに手を合わせてみてください。

普段からそういったお付き合いができている人は、神さま、仏さまが守ってくれますから。

たまに正月だけ神社にお参りしに行って、「神さまお願いします」と頼んでも無駄です。神さまから言わせてみたら、「いや、あんた誰やねん」となりますよ。

大昔、日本人は神さまとともに生きていました。

仏さま、ご先祖さまとも普通にお付き合いがありました。

それが薄っぺらになったために、人間関係もそうなっちゃったんじゃないかな。

頼みごとはするけれども、深くつきあうことはない。人間関係もそうなっていませんか。それでは世の中も乱れてくるんです。不安定になってくる。

外国人が日本に来て一番びっくりするのが「日本人の親切さ」だそうです。

もっとお互いに心配したり、助けてあげようと思ったり、おせっかいするくらいがちょうどいい。そうすればもっと和気あいあいとした楽しい国になるんじゃないかな。

最近、人から守ってもらえていないと感じる人が増えています。まさに「孤独」という状況です。自分一人で生きているような気分になってしまっている人が多くなっています。

神さまにお願いしても助けてくれない。仏さまやご先祖さまにお参りしても、守られている気がしない。そんな思いを抱く人が増えているのです。

その結果、治安も悪化し、助け合いや持ちつ持たれつの精神が薄れてきました。

かつては「おかげさま」「お互いさま」という考え方で、互いに守り合い、支え合っていました。そのおかげで平和が保たれていました。その精神を忘れてしまったからこそ、世の中が乱れてきているのかもしれません。

人の心が整えば、天の気も整う。

そして、社会もまた整ってくるのではないでしょうか。

おわりに

開運について、いろいろなお話をいたしました。

最後に日常生活に簡単に取り入れられる開運法をお伝えします。

もしあなたがこの本を読んで、さらに運を開きたいと思ったら、今日からまずは「五感」を大事に生活してみてください。

視覚、嗅覚《きゅうかく》、聴覚、味覚、触覚の五感です。

この五感を通して「プラス１」の行動を起こしてみてください。

◎見たことないものを見に行く。
◎聞いたことない音楽を聴いてみる。

◎いい匂《にお》いを嗅《か》いでみる。
◎食べたことないものを食べてみる。
◎気になるものを触ってみる。

自然に身を置いて、風や波の音、虫の音、草の香りを感じてみるのもよいでしょう。五感を通して、今の自分に何か「プラス1」するだけで、人生のチャンネルは勝手に上がっていきます。


ところで、私たちが普段使う漢字には面白いカラクリがあります。

「幸せ」の「幸」と「辛い」の「辛」の漢字を並べて見てください。

「辛」という漢字に一つ「一」を足せば「幸」という言葉に変わります。

つまり、今辛かったら、「プラス1」の行動を取れば「幸せ」になれるんです。

また、「口」という漢字にプラスとマイナスを書いて、「吐く」と読みます。マイナスを取ってみたら「叶《かな》う」という漢字になります。

さらに「吐く」から取り除いたマイナスを「辛い」の「辛」に一つ足せば、「幸せが叶う」って漢字に化けるんです。

愚痴をこぼすくらいだったら、その分、行動に移す。それが「プラス1」です。

そうすれば必ず幸せが叶う。これが漢字からわかる開運の法則ではないでしょうか。

最後に開運にとても大事な「許す」いう字についてお話しましょう。

「許す」という言葉は本来、恩赦の「赦」という難しい漢字を用いた「赦《ゆる》す」でした。

この「赦す」という文字は、許可する・受け入れるを意味する「許す」、緩めるを意味する「緩《ゆる》す」、もうひとつは聴聞の「聴」という漢字を使った「聴《ゆる》す」（「心の声を聴く」を意味する）の三つの用法があります。

まず人を赦したかったら、気を「緩め」、リラックスする。

リラックスすることができたら、受け入れる（許可）ことができるようになり、ちゃんと心の声を「聴す（聴く）」ことができます。

そうすると、本当にゆるすことができるようになります。

このように考えられないでしょうか。

自分が赦せなかったら運は開けません。

赦すためには、まず気を緩めて自分がリラックスすること。

時間に追われていたら余裕がなくなるのと一緒で、余裕のない人間には運が閉じます。気を緩めていれば、心の声も聴こえてくるし、人を受け入れることもできる。


自分にも他人にも許可ができる。

それこそが開運の極意です。

合掌

【著者プロフィール】
山平和尚（やまひらおしょう）
高野山真言宗 阿闍梨
三重県伊勢市潮龍山明王寺住職
本名・山平善清。1972 年鹿児島県生まれ。15 歳の時に高野山に登り、高校入学と同時に出家。約 10 年、高野山で修行を積み「阿闍梨」となる。その後、真言宗系単立寺院を建立。現在は住職、経営者、レイキマスターなど、複数の顔を持ちながら、境内にライダーズカフェを作るなど、人が集まり、ご縁が広がるお寺を運営している。2024 年、インドネシア・バリ島発日本仏教寺院の住職として就任。著書『日本一「楽」を生きるお坊さんの開運説法 あの世のお力借りてみな』（KADOKAWA）。

YouTube チャンネル「山平和尚の説法チャンネル」
https://www.youtube.com/@yamahira-osho

「ご縁」がすべてを引き寄せる
開運一問一答

2024 年 10 月 23 日　　初版発行

著　者　山平和尚
発行者　太田　宏
発行所　フォレスト出版株式会社
〒 162-0824 東京都新宿区揚場町 2-18 白宝ビル 7F
電話　03 - 5229 - 5750（営業）
　　　03 - 5229 - 5757（編集）
URL　http://www.forestpub.co.jp

印刷・製本　中央精版印刷株式会社
©Yamahira Osho 2024
ISBN978-4-86680-299-2　Printed in Japan
乱丁・落丁本はお取り替えいたします。

『「ご縁」がすべてを引き寄せる
開運一問一答』

ここでしか
手に入らない
貴重な動画
です。

購入者
限定無料特典

聞き流すだけで
除災招福・
家内安全・
運気向上

動画

書籍をご購入いただいた読者への感謝の祈りとして、
聞き流すだけで除災招福、家内安全、運気向上をもたらす
経典を山平和尚に唱えていただいたスペシャル特典です。

無料特典を入手するにはこちらへアクセスしてください

http://frstp.jp/osho

※無料特典はWeb上で公開するものであり、CD・DVDなどを
お送りするものではありません。
※上記特別プレゼントのご提供は予告なく終了となる場合がございます。
あらかじめご了承ください。